Cykle życia

Moim Dzieciom i Dzieciom moich Dzieci,
które dały mi motywację do doskonalenia się
na wszystkich poziomach i etapach mojego życia
oraz współpracowały w przygotowaniu tej książki,
pracę tę poświęcam.

*Książka ta jest dedykowana
wszystkim tym, którzy otwartym umysłem
szukają samopoznania.*

*Tym, którzy wiedzą lub wierzą, że
narzędzia umożliwiające osiągnięcie
duchowej i materialnej doskonałości
tkwią w nich samych, i chcą je odkryć.*

*Tym, którzy rozumieją, że – będąc
częścią Wszechświata – mogą wibrować
w harmonii z kosmicznymi siłami,
osiągając w ten sposób jedność ze swoim
Stwórcą i pełnię jako istoty ludzkie.*

*A zwłaszcza dedykowana jest moim
wnukom, Ericowi i Laurze,
drogocennemu ziarnu,
które pozwoli mi
żyć w przyszłości.*

Gladys Lobos

CYKLE ŻYCIA

Magia numerologii
Przepowiednie na lata
2009–2017

KOS

Katowice 2009

Tytuł oryginału: *Ciclos de vida*
Przekład: BUTiT „Alimar"
Korekta: Jolanta Olejniczak, Mariusz Kulan
Projekt okładki: Wydawnictwo KOS
Grafika: Jacek Poloczek
Opracowanie typograficzne: Andrzej Wójcik

ISBN 978-83-60528-93-8

Wydanie III – uzupełnione i poprawione

Wydawnictwo KOS
ul. Agnieszki 13
40-110 Katowice
tel./faks (032) 2584-045, (032) 2582-720, (032) 2540-273
tel. (032) 2582-648
e-mail: kos@kos.com.pl, kos@beep.pl
http://www.kos.com.pl

Druk i oprawa: TRIADAPRESS, 40-322 Katowice, ul. Wandy 16k tel. (032) 2541-790
e-mail: biuro@triadapress.com.pl, piotr.kapa@triadapress.com.pl www.triadapress.com.pl

❖ SPIS TREŚCI

Wstęp

Odkąd Człowiek, w miarę ewolucji, powoli dochodził do zrozumienia więzi, które łączyły go ze Wszechświatem, zaczął poszukiwać odpowiedzi na pytania stawiane przed nim przez jego własne życie. Te poszukiwania pozwoliły mu odkryć, jak wiele dokonała ludzkość w sferze cywilizacji i kultury. Jednakże pomimo spektakularnych odkryć naukowych i technicznych, paradoksalnie, okazały się one nieprzydatne w odsłonięciu ukrytych obszarów natury ludzkiej.

Człowiek rozpoczyna i kończy swą wędrówkę życiową, nie dowiadując się, kim jest, skąd pochodzi ani dokąd zmierza, bowiem ujmując życie jedynie w kategoriach racjonalnych, zaniedbał intuicję i stracił z oczu swój wymiar duchowy. Pogrążył się w tym co materialne, próbując szukać prawdy w odkryciach fizyki, i zapomniał, że ta rzeczywistość nie prowadzi do poznania tego, czego szuka duch.

Może właśnie z tego powodu u progu XXI wieku, w reakcji na utratę tożsamości, Człowiek próbuje wrócić do dawnych pojęć metafizyki i filozofii, które stanowiły podstawę poznania ludzkiego.

Współczesna parapsychologia, która usiłuje wyjaśniać zjawiska paranormalne w sposób logiczny i spójny, dokonała modyfikacji dawnych pojęć, odkrywszy tajemnice i znaki zapytania, które nas zawsze nurtowały, a także udostępniła nam wiedzę częściowo potwierdzoną naukowo, do tej pory zastrzeżoną dla towarzystw i bractw tajemnych.

Dzięki poznaniu transcendencji naszego powiązania z Kosmosem i tajemnic Stworzenia, rozszerzyliśmy znacznie pole naszego postrzegania świata widzialnego, chociaż jeszcze daleko nam do zgłębienia tajemnicy naszego istnienia i naszego przeznaczenia.

Fale emitowane przez przestrzeń międzygwiezdną stanowią język Wszechświata, a wibracje, które przenikają wszystko, co istnieje, wywierają wpływ na ciało fizyczne i duchowe Człowieka od momentu jego narodzenia. Być może nauki okultystyczne tak nas pociągają właśnie dlatego, że wszelkie sposoby wróżenia obecnie praktykowane stawiają sobie za cel ułatwienie nam samopoznania i przepowiadanie przyszłości każdego.

Już dawne praktyki astrologów odsłoniły nasze powiązania z gwiazdami. Mapa życia zawsze znajdowała się na dłoni. Liczby, które nabywamy wraz z imieniem i momentem narodzin, określają nasze działania; jednakże nie wiemy, w jaki sposób oddziaływają ani jak wpływają na życie ludzkie.

Współczesnego Człowieka, o umyśle racjonalnym i pragmatycznym, niepokoi konieczność uznania wiedzy i praktyk nieznanego pochodzenia, choć towarzyszyły mu one od najdawniejszych czasów. Była to wiedza tak bardzo złożona i doskonała, że nawet obecnie byłoby niemożliwością pojąć ją, ogarnąć.

Pitagoras, wielki filozof i matematyk grecki z VI w. p.n.e., uważany za twórcę numerologii zachodniej, stwierdził, że „natura geometryzuje". Zaobserwował, że w samej konfiguracji Wszechświata dostrzec można porządek matematyczny obejmujący wszystko. Utrzymywał także, że liczby są u podstaw wszystkiego, co istnieje, albowiem praktycznie wszystkie dziedziny wiedzy oparte są na zasadach numerycznych, a numerologia jest badaniem sposobu, w jaki wysyłana przez nie siła wpływa na charakter i życie Człowieka. Istniejemy, czujemy i działamy zgodnie z liczbami, które nami kierują, a równocześnie jesteśmy poddani przeżyciom, które one uosabiają. Są to wielkie siły, a numerologia

ujawnia nam nie tylko energię wysyłaną przez nie, ale także potencjał, jaki nam nadają, co otwiera przed nami bardzo szeroki wachlarz możliwości w planowaniu naszej przyszłości. Poznawszy bogactwo i granice własnych zdolności, przestajemy być zwykłymi widzami, a stajemy się reżyserami, którzy pewną ręką prowadzą kamerę i kierują sekwencjami filmu życia.

Rozdział 1.

CZYM JEST NUMEROLOGIA?

Numerologia twierdzi i dowodzi, że wady, zalety, uczucia, zainteresowania i przeżycia Człowieka są określone przez liczby z jego portretu numerologicznego, a dzięki nim właśnie oraz kombinacjom, które one tworzą, możemy zagłębić się w życie i charakter jednostki tak dalece, że dana osoba czuje, iż jest całkowicie zidentyfikowana i uznaje to.

Jest to praktyka, która pomaga w dokonaniu nieprawdopodobnie dokładnej analizy osobowości obejmującej nie tylko charakter, lecz także powołanie, możliwości finansowe, miłość i podobieństwa między osobami, ponadto analiza ta ujawnia poszczególne cele lub cel życia, przeznaczenie oraz cykle życia.

Jednakże kompletne studium numerologiczne, złożone i trudne, wymaga – oprócz daty urodzenia – imion i podpisu danej osoby. Te dane, przeanalizowane osobno i łącznie, dokładnie określają i wyjaśniają wielkie różnice istniejące między osobami o tej samej liczbie określającej datę urodzenia, a nawet między bliźniakami, których przyjście na świat dzieliły minuty.

Ponieważ takie studium wykracza poza cel tej książki, skupimy się wyłącznie na wibracji, którą dana osoba otrzymuje z racji daty urodzin. Ujawnimy w ten sposób część jej osobowości i podamy objaśnienia, które pozwolą dowiedzieć się, jak ułożą się jej sprawy w nadchodzących latach; wyjaśnimy przede wszystkim, że szczegóły akcentujące, różnicujące lub łagodzące charakterystykę dla każdej liczby zostaną

ujawnione przy analizie pozostałej części portretu nu- merologicznego.

Zatem w dalszej części zostaną podane charakte- rystyki dla dziewięciu podstawowych liczb i na koniec każdej z tych charakterystyk obrót, jaki przybiorą wy- darzenia dotyczące danej osoby w ciągu najbliższych dziesięciu lat.

Tak przygotowana osoba łatwiej zaakceptuje zmiany, które przyniesie jej cykl, zaryzykuje i wyko- rzysta okazje w latach pomyślnych lub uzbroi się w cierpliwość w niepomyślnym roku. Inaczej mówiąc, „nauczy się płynąć z prądem", a nie pod prąd, co pozwoli jej mądrze wykorzystać wibracje, które nią kierują stale, tak kształtując życie, by osiągnąć po- wodzenie materialne i pełnię rozwoju duchowego.

JAK OBLICZYĆ WIBRACJĘ URODZENIA

By obliczyć Wibrację Urodzenia danej osoby, będziemy dodawać dzień, miesiąc i rok tak, by sprowa- dzić sumę do liczby jednocyfrowej.

Przykłady:

Wibracja Urodzenia 1
4 czerwca 1944 =
$$= 4 + 6 + 1 + 9 + 4 + 4 = 28 = 2 + 8 = 10 = 1$$

Wibracja Urodzenia 2
1 lutego 1961 $= 1 + 2 + 1 + 9 + 6 + 1 = 20 = 2$

Wibracja Urodzenia 11
7 września 1966 =
$$= 7 + 9 + 1 + 9 + 6 + 6 = 38 = 3 + 8 = 11$$

Czym jest numerologia?

Wibracja Urodzenia 3
9 sierpnia 1975 =
$= 9 + 8 + 1 + 9 + 7 + 5 = 39 = 3 + 9 = 12 = 1 + 2 = 3$

Wibracja Urodzenia 4
3 lipca 1947 =
$= 3 + 7 + 1 + 9 + 4 + 7 = 31 = 3 + 1 = 4$

Wibracja Urodzenia 22
2 marca 1961 =
$= 2 + 3 + 1 + 9 + 6 + 1 = 22$

Wibracja Urodzenia 5
2 czerwca 1986 =
$= 2 + 6 + 1 + 9 + 8 + 6 = 32 = 3 + 2 = 5$

Wibracja Urodzenia 6
1 maja 1971 =
$= 1 + 5 + 1 + 9 + 7 + 1 = 24 = 2 + 4 = 6$

Wibracja Urodzenia 33
11 kwietnia 1989 =
$= 1 + 1 + 4 + 1 + 9 + 8 + 9 = 33$

Wibracja Urodzenia 7
3 stycznia 1983 =
$= 3 + 1 + 1 + 9 + 8 + 3 = 25 = 2 + 5 = 7$

Wibracja Urodzenia 8
7 maja 1985 =
$= 7 + 5 + 1 + 9 + 8 + 5 = 35 = 3 + 5 = 8$

Wibracja Urodzenia 44
9 sierpnia 1989 =
$= 9 + 8 + 1 + 9 + 8 + 9 = 44$

Wibracja Urodzenia 9
6 marca 1953 =
$= 6 + 3 + 1 + 9 + 5 + 3 = 27 = 2 + 7 = 9$

WIBRACJA DATY URODZENIA – LICZBA 1

Przykłady:

$1.11.1942 = 1 + 1 + 1 + 1 + 9 + 4 + 2 = 19 = 1 + 9 = 10 = 1$

$3.05.1973 = 3 + 5 + 1 + 9 + 7 + 3 = 28 = 2 + 8 = 10 = 1$

$16.09.1983 = 1 + 6 + 9 + 1 + 9 + 8 + 3 = 37 = 3 + 7 = 10 = 1$

CHARAKTER LICZBY 1

> *Wiara w siebie jest kluczem do sukcesu.*
> EMERSON

Osoby posiadające tę wibrację są wielkimi indywidualnościami, wolnymi i niezależnymi, które nie pozwalają innym na wtrącanie się do ich własnych spraw i buntują się przeciw jakiejkolwiek dominacji lub autorytetom. Właśnie z tego powodu trudno o wywarcie na nie wpływu. Są to osoby ambitne i uparte, chodzące swoimi ścieżkami, które' nie chcą nawet rozważyć czyichś wskazówek lub rad; często duma nie pozwala im na pogodzenie się z porażką. Nie mając kompleksu niższości, jedynki prawie zawsze są i czują się całkowicie samowystarczalne, więc nie potrzebują innych osób.

Spontaniczne, wolne i nie podporządkowujące się normom obyczajowym żyją swoim życiem, obchodząc się bez innych. Opinia obcych nie odbiera im snu, ale tak jak nie dopuszczają wtrącania się w ich sprawy, tak też nie mieszają się do życia innych. Nie obchodzi ich, co robią inni, byleby one mogły robić wszystko zgodnie ze swoją wolą.

Osobowość jedynki to typ umysłowy błyskotliwy i dynamiczny, momentami fantastyczny, zawsze znajdujący rozwiązanie. Jedynkom nigdy nie brak pomysłów, przeciwnie – mają ich tyle, że nie są w stanie wszystkich zrealizować; prawie zawsze poszukują poklasku i podziwu dla siebie.

Zazwyczaj spontaniczne, pełne życia, szczere i ekstrawertyczne jedynki posiadają łatwość przyciągania do siebie, wpływania i dominacji; zawsze się wyróżniają, ale stale potrzebują potwierdzenia swej osobowości i okazują przy tym, że są najlepsze. Często są egocentrykami, lecz nie z powodu zarozumialstwa, a dlatego, że mają poczucie własnej wartości i chcą wykazać, że są zręczniejsze i obdarzone większą wyobraźnią od innych. Domagają się uznania swej inteligencji, oryginalności i sprawności w działaniu. Nie pogodzą się nigdy z odgrywaniem drugoplanowej roli; zawsze chcą być pierwsze i wyróżniać się w otoczeniu. Ogarnia je przerażenie na myśl, że ktoś może je uważać za przeciętne. Nienawidzą wszystkiego co nędzne, mierne lub pospolite, wliczając w to ludzi.

Pełne entuzjazmu i śmiałości marzą o życiu wolnym, intensywnym i pozbawionym strachu, ich duch zawsze pozostanie młody, żywy, niepokorny i ciekawy wszystkiego. Są prawie zawsze dumne i ambitne, pełne śmiałych pomysłów, porywają się na to, czego inni się obawiają, rozwiązują problemy i znajdują wyjście z sytuacji, które innym wydają się beznadziejne.

Jedynki prawie zawsze są dobrymi mówcami i uwielbiają polemiki. Są to osoby pomysłowe, elokwentne, o ciętym języku, więc dyskusja jest dla nich sposo-

bem na ćwiczenie umysłu i utrzymanie dobrej formy intelektualnej. Często wywołują debaty i spory z czystej przyjemności dyskutowania i dla wykazania, że są sprytniejsze od innych.

Osoba obdarzona tą wibracją jest podziwiana z powodu błyskotliwej i wielkiej osobowości lub nienawidzona, gdy pokazuje swoją negatywną stronę, ale nie przechodzi niezauważona.

CECHY NEGATYWNE

Negatywnymi cechami osób o tej wibracji są egoizm i władczy charakter; osoby te usiłują kierować innymi i uważają, że zawsze mają rację, nawet przekręcając fakty.

Są one autorytarne, uparte, łatwo wpadają w złość, we wszystkim chcą mieć decydujący głos, bywają kapryśne, cyniczne lub złośliwe.

Jedynka przestaje panować nad emocjami, gdy poniesie ją ambicja – lub gdy ktoś usiłuje jej narzucić swą wolę. Bywa też twarda i zimna i nie obchodzą jej czyjeś uczucia, a nawet potrafi gardzić słabymi i wrażliwymi.

Mimo że jedynki nie są plotkarzami ani osobami złośliwymi, bywają często nadzwyczaj szczere, a przy tym bardzo mało dyplomatyczne, więc przy przeciwnościach łatwa i błyskotliwa wymowa może przejść w złośliwość, sarkazm, może zranić. Osoby te potrafią być nawet okrutne i niszczyć, gdy czują się atakowane.

Ich dynamizm i popędliwość mogą przekształcić się w dezorganizację, nieostrożność i roztrzepanie, a jeśli nie nauczą się samokontroli i autodyscypliny, mogą zmarnować swoje wspaniałe cechy.

Powinny kontrolować swój krytycyzm i być bardziej pobłażliwe dla mniej zdolnych.

MOŻLIWOŚCI ZAWODOWE I FINANSOWE

Jedynki są bardzo pewne siebie, świetnie sobie radzą we wszystkich dziedzinach dzięki swym twórczym uzdolnieniom i sprawności realizacji, chociaż lepiej im idzie praca na swoim, bowiem nie lubią być zależne i nie znoszą czyichś poleceń. W spółkach nie czują się najlepiej, chyba że odpowiedzialność każdego wspólnika jest dokładnie określona, lub jedynka wnosi pomysły i kieruje firmą lub interesem, a ktoś inny wnosi jedynie wkład finansowy.

Osoby te są aktywne, energiczne, nie boją się konkurencji, mają ambitne i dalekosiężne plany, ale nie lubią zajmować się szczegółami lub pracą manualną. Podświadomie sądzą, że lepiej jest, gdy wykorzystują swe twórcze uzdolnienia i sprawność realizacji, innym zostawiając dopracowanie szczegółów.

Zazwyczaj są to osoby bardzo pozytywne i odpowiedzialne, życie jest dla nich stymulującym wyzwaniem, któremu nie mogą się oprzeć. Nie znoszą życia nudnego i zawsze mają wiele planów i zainteresowań.

Wspomagane przez inne pozytywne wibracje, jedynki prawie zawsze potrafią się wybić i mogą zajść wysoko dzięki własnym zasługom, co sprawia im większą satysfakcję niż wtedy, gdy osiągają cel dzięki czyjejś pomocy, bowiem nie lubią nic nikomu zawdzięczać. Jeżeli wzlatują tak wysoko, jak sięgają ich ambicje, są szczęśliwe i inspirujące innych; jeśli natomiast coś lub ktoś je hamuje lub uzależnia, mogą okazać się destrukcyjne i niepokorne lub też ich duch opada i sięga dna, a one stają się prawdziwymi przegranymi, niezręcznymi i niezdolnymi.

Osoby te są szybkie, skuteczne i ambitne, na ogół są dobrymi pracownikami, chociaż miewają problemy z powodu braku taktu, chęci posiadania zawsze racji lub wyróżnienia się za wszelką cenę.

Jako szefowie są w swoim żywiole, ponieważ lubią rozkazywać, ale często zaskakują otoczenie, nie zachowując się tak jak zwykle. Czasem są bardzo tolerancyjne, kiedy indziej zbyt wymagające, nawet nadużywające swej pozycji.

Mają łatwość robienia pieniędzy, które często marnotrawią, chyba że w ich portrecie numerologicznym pojawiają się inne wibracje – moderujące. Często utrzymują się na wysokiej stopie, a nawet żyją ponad stan lub ryzykują wszystko, bez zastanowienia. Ponieważ lubują się w przepychu, powinny być ostrożniejsze.

Wynika to z faktu, że pieniądze nie odbierają im snu, mogą je mieć lub ich nie mieć i być szczęśliwe. Wystarczy że uznaje się ich zdolności twórcze i efektywność działania oraz gdy zajmują odpowiednie miejsce w firmie.

Jeśli zdołają pohamować niecierpliwość i ambicje, co często każe im pracować jeszcze przed ukończeniem szkoły, żeby jak najwcześniej osiągnąć niezależność, mogą wyróżnić się w czasie studiów, zdobywając nagrody i laury.

Wiele jedynek wyróżnia się w świecie sztuki, techniki, przemysłu i literatury ze względu na swoją inwencję i wielkie zdolności twórcze; bez trudu dochodzą do wysokiej pozycji w takich zawodach, jak: architekt, inżynier, adwokat, artysta, pisarz, projektant, fotograf, wynalazca, pracownik działu public relations lub reklamy itd.

Osoby z wibracją jedynki osiągają sukcesy w medycynie, psychologii, psychiatrii, wczesnym diagnozowaniu i badaniach naukowych dzięki przenikliwości i bystrości umysłu.

Jedynki osiągają sukcesy również jako kierownicy, producenci, kontrolerzy, w świecie biznesu, kierowaniu firmą czy przedsiębiorstwem, ponieważ są obdarzone wizją przyszłości, inicjatywą i zdolnością kierowania, co pomaga im podejmować szybkie i ryzykowne decyzje, kiedy takie są konieczne.

Są organizatorami i twórcami bardziej niż artystami; trafnie planują i kierują ludźmi, bowiem potrafią maksymalnie wykorzystać cechy swych współpracowników.

Ponieważ są odważne i lubią ryzyko, pociągają je zawody wymagające śmiałości lub niebezpieczne, takie jak: przewodnik, geograf, lotnik, podróżnik, kierowca w wyścigach samochodów lub motocykli itd.

UCZUCIA I RELACJE OSOBOWE

Jedynki, osoby namiętne i popędliwe, łatwo dokonują podbojów dzięki swej elokwencji i promiennej osobowości. Potrafią rozpalić upatrzoną osobę, ale często nie dbają o podtrzymanie ognia miłości. Niekiedy powodem jest to, że oddane bez reszty pracy nie chcą oddalać się od swych celów; w innych przypadkach przyczyną jest to, że ten numer oznacza obojętność lub chłód emocjonalny, co nie pozwala im oddać się bez reszty uczuciom.

Często są bardzo zmienne, raz dominujące i władcze, potem czułe i troskliwe, a kiedy indziej szorstkie, nieuprzejme i zaczepne.

Aby utrzymać stały, szczęśliwy i harmonijny związek, potrzebują partnera otwartego i liberalnego, który przede wszystkim nie będzie ograniczał ich niezależności ani próbował ich zdominować, lecz będzie zawsze przy jedynce, wsłuchany w nią i gotowy pozostawić jej decydowanie.

Rozumieją się dobrze z dwójką i szóstką, które są czułe, nieśmiałe i dają sobą kierować, ale powinny opanować nadmierną szczerość, która może zniechęcić, a nawet je pogrążyć.

Mogą też odnaleźć pokrewne dusze w trójce i czwórce, jeśli zdołają opanować swój autorytarny charakter i krytycyzm, który tamte osoby źle znoszą.

Będąc, podobnie jak piątka, śmiałe, mając tak jak one siły witalne i entuzjazm, mogą dobrze się rozumieć lub, z powodu tych podobieństw, wchodzić w konflikt. Z siódemką łączy je błyskotliwa inteligencja i zainteresowania, chociaż samotnicy i introwertycy, jakimi są często siódemki, nie podzielają ich pragnienia sławy, a nawet mogą się czuć przytłoczone w ich obecności; jedynki z kolei nie są w stanie zrozumieć ani znieść stronienia od ludzi i pesymizmu siódemki.

Jedynki powinny unikać ósemki, dziewiątki i osób o tej samej wibracji, bo związki z nimi mogą być burzliwe, trudne i nieszczęśliwe z powodu równie silnych osobowości.

Dzieci o liczbie jeden już od bardzo wczesnego wieku zdradzają silną osobowość. Niezależne, o mocnej wierze w siebie i wielkiej potrzebie posiadania własnej osobowości oraz poczucia wolności, buntują się wobec sztucznej albo nadmiernej dominacji rodziców. Od najwcześniejszego dzieciństwa powinny być szanowane jako osoby i wychowywane bardzo mądrze i delikatnie, w przeciwnym razie staną się przekorne i konfliktowe.

Jedynki, które są rodzicami, wiele kosztuje utrzymanie niezmiennego postępowania. Pragną liberalnych i koleżeńskich stosunków z dziećmi i często to osiągają; czasem jednak popadają w skrajności, przechodząc od nadmiernej pobłażliwości do silnej dominacji.

Jeśli ta wibracja daty urodzenia jest poparta innymi pozytywnymi wibracjami, a pozostałe elementy portretu numerologicznego to potwierdzają, jedynki nigdy nie przechodzą niezauważone, ich przeznaczeniem jest wyróżniać się w swoim zawodzie lub w otoczeniu. Swobodne zachowanie, silna osobowość i wiara w siebie pozwalają im osiągać cele, które sobie stawiają.

METAFIZYCZNE RACJE, BY WYBRAĆ 1 JAKO LICZBĘ URODZENIA

Osoby te wybrały taką liczbę urodzenia, gdyż ich Kosmicznym Obowiązkiem jest inspirowanie innych do tego, by uwierzyli w siebie, by – korzystając ze swoich zasobów umysłowych i inicjatywy – osiągali każdy z celów, jakie przed sobą postawią. Co więcej, powinny pokazać na własnym przykładzie, że jest to możliwe; a ich Osobistym Wyzwaniem jest przezwyciężanie pułapek Ego i egoizmu. Nauczenie się dzielenia się i współpracy z innymi.

SŁAWNE OSOBISTOŚCI 1

Książę Filip de Borbón y Grecia – Ortega y Gasset – Michaił Gorbaczow – Bruce Springsteen – Karol Marks – Manuel Servet – Lew Tołstoj – Emil Zola – Paracelsus – Napoleon Bonaparte – Charlie Chaplin – Plácido Domingo – Karol Wielki – Gustavo A. Bécquer – Miguel Bosé – Alain Delon – Jacques Chirac – J. L. López Vázquez – Neron – Jack Nicholson – Walt Disney.

INTERESUJĄCE SZCZEGÓŁY

PLANETA = Słońce
POKREWNY ZNAK ZODIAKU = Lew
KAMIEŃ = Diament i rubin
METAL = Złoto
DZIEŃ = Niedziela
KWIAT = Róża
KOLORY = Żółty, złoty i pomarańczowy
SZCZĘŚLIWE LICZBY = 1, 3 i 9

PRZEPOWIEDNIE DLA LICZBY 1

OD WRZEŚNIA	DO WRZEŚNIA	ROK CYKLU
2008	2009	3
2009	2010	4
2010	2011	5
2011	2012	6
2012	2013	7
2013	2014	8
2014	2015	9
2015	2016	1
2016	2017	2

WIBRACJA DATY URODZENIA – LICZBA 2

Przykłady:

$2.03.1923 = 2 + 3 + 1 + 9 + 2 + 3 = 20 = 2 + 0 = 2$

$7.07.1941 = 7 + 7 + 1 + 9 + 4 + 1 = 29 = 2 + 9 = 11 = 1 + 1 = 2$

$2.05.1984 = 2 + 5 + 1 + 9 + 8 + 4 = 29 = 2 + 9 = 11 = 1 + 1 = 2$

CHARAKTER LICZBY 2

Im bardziej pokorni jesteśmy,
tym bliżej do wielkości.
RABINDRANATH TAGORE

Ta liczba symbolizuje dobroć, taktowność, dyplomację, ostrożność, uprzejmość i poważanie dla innych.

Dwójki są towarzyskie, gościnne i przyjazne, stale szukają aprobaty bliźnich, żeby poczuć się pewnie. Nigdy nie próbują narzucać się ani wyróżniać ich kosztem; mogą raczej zrezygnować ze swych marzeń i ambicji, gdy to będzie z korzyścią dla innych.

Na zewnątrz wydają się spokojne, zrównoważone i pogodne, ale prawie zawsze są to pozory, ponieważ wewnątrz przeżywają wielkie napięcia. Są bojaźliwe i uniżone, można nawet powiedzieć, że życie sprawia im ból; skoro nie są w stanie konkurować ze śmielszymi i bardziej energicznymi, wolą pozostawać w ich cieniu. Dlatego są świetnymi naśladowcami, słuchają poleceń i dają sobą kierować.

Jako osoby wyrozumiałe, tolerancyjne, dyskretne i pobłażliwe, umieją dostosować się do innych osób i sytuacji, jako że dwójka jest jedyną liczbą będącą w harmonii ze wszystkimi, ponieważ osoby oznaczone liczbą dwa nigdy nie próbują wyróżniać się, dominować ani narzucać swojej woli. Potrafią postawić się w sytuacji drugiej osoby, zawsze dochowują powierzonej tajemnicy i nie zawodzą zaufania, którym są obdarzane.

Za najważniejsze dwójki uważają życie w atmosferze spokoju i harmonii. Będąc istotami wrażliwymi, bojaźliwymi, które łatwo zranić, tracą panowanie i równowagę, gdy stają wobec osób agresywnych lub sytuacji pełnych napięcia, bo przemoc je powstrzymuje i przytłacza. Często łagodne, nieśmiałe i introwertyczne, już od najmłodszych lat nie doceniają się i wytwarzają w sobie różne kompleksy. Żyją w nieustannym napięciu, ponieważ wymagają od siebie doskonałości i są dla siebie najsurowszymi sędziami.

Są uległe, skromne i bezpretensjonalne, nie pociąga ich zbytnio życie towarzyskie. Nie lubią zwracać na siebie uwagi, a możliwość ośmieszenia się po prostu je przeraża.

Jako osoby powściągliwe i dyskretne są godne zaufania, są dobrymi obywatelami, rodzicami i przyjaciółmi. Ludzie obdarzają je zaufaniem, ponieważ nigdy nie działają bez zastanowienia czy lekkomyślnie, lecz ważą wszystko i analizują, co sprawia, że ich opinie i decyzje są najczęściej trafne.

Zazwyczaj przykładają małą wagę do rzeczy materialnych, luksusu, chęci pokazania się, cenią natomiast kulturę i intelekt. Podziwiają to, co piękne i uduchowione, ale w sposób spokojny i kontemplacyjny.

Dzięki wielkiej ciekawości, powadze i pilności są dobrze wykształcone i zainteresowane przymiotami umysłu i ducha.

Potrzebują oparcia, ochrony i zachęty, są lubiane i cenione za dobroć, usłużność i humanitaryzm. Są zainteresowane działaniami społecznymi i nigdy nie zawodzą, kiedy ktoś ich potrzebuje.

Ich zrównoważenie i pojednawczość sprawiają, że są dobrymi dyplomatami i prawdziwymi rozjemcami czyniącymi pokój. Nikt nie potrafi lepiej niż one naprawić krzywdy. Nie tylko umieją łagodzić nieporozumienia i konflikty między różnymi osobami, ale też znajdują usprawiedliwienia dla cudzych działań i przebaczają wyrządzone im krzywdy.

Są łatwowierne i prostolinijne – zupełnie jak dzieci – do późnego wieku. Wierzą w słowo dane przez innych i dlatego często są wykorzystywane przez osoby bez skrupułów; mimo tych nauczek ciągle postępują tak samo.

Istoty wrażliwe i uważne, są urodzonymi psychologami obdarzonymi wyjątkową intuicją.

CECHY NEGATYWNE

Ich wątpliwości, obawy i kompleksy mogą być tak silne, że są w stanie zniwelować sprawność w działaniu, utrzymując je na niższej pozycji. Często ambicje dwójki nie są na tyle silne, by zdołały przezwyciężyć obawę przed porażką, niezdecydowanie i uległość. W takich wypadkach frustracja prowadzi je do zgorzknienia, a stąd do zazdrości i niechęci okazywanej osobom, które odniosły sukces.

Drażliwe i nieufne, czasem wydaje im się, że je obrażono lub wzgardzono nimi, podczas gdy nic takiego nie miało miejsca; łatwo poddają się przygnębieniu, zniechęceniu i pesymizmowi. Uległe i pozwalające sobą kierować, w zbyt dużej mierze uzależnione od czyjejś aprobaty, godzą się z wykorzystywaniem i narzucaniem im swej woli. Odczuwają strach przed przemocą lub starciem, więc chwytają się wszystkiego, byle uniknąć wmieszania się w konflikt.

Są to osoby zbyt delikatne, więc bardzo łatwo je zranić; kiedy czują, że nie są w stanie stawić czoła rzeczywistości, chronią się w swym świecie wewnętrznym albo przeżywają ogromne napięcia wewnętrzne, które mogą doprowadzić do zaburzeń psychicznych lub fizycznych.

MOŻLIWOŚCI ZAWODOWE I FINANSOWE

Dwójki to osoby poważne, odpowiedzialne i pracowite, które zawsze spełniają swoje obowiązki czy oczekiwania wobec nich. Zazwyczaj nie wyróżniają się w trudnej i bezlitosnej grze, jaką jest życie, ponieważ ogarnia je wręcz śmiertelne przerażenie, kiedy muszą stawiać czoło problemom związanym z nowymi doświadczeniami lub wyzwaniom, które niesie rywalizacja we współczesnym społeczeństwie. Przygoda je

przeraża, wolą unikać ryzyka, stąd nie osiągają pozycji należnych im ze względu na ich skuteczność i zdolności, chyba że w pozostałej części portretu numerologicznego pojawią się inne, silne i przedsiębiorcze wibracje.

Dokładne aż do przesady, starają się być doskonałe w tym, co robią, pracując pod kierunkiem innych, którzy często zgarniają laury. To jednak nie jest ważne dla dwójek, nie chodzi im bowiem o to, żeby błyszczeć czy osiągać pierwsze miejsca, wystarczy im satysfakcja z dobrze wykonanej pracy; ale by dać z siebie maksimum, muszą mieć bodziec i muszą wiedzieć, że ich wysiłek jest doceniany.

Mają dobrą pamięć, dobrze się uczą, osiągając bardzo dobre wyniki na studiach, co zamiast napawać dumą, jest dla nich kłopotliwe, ponieważ wolą pozostawać nie zauważone.

Jako osoby opanowane, dobrzy stratedzy, wyróżniają się w polityce, na stanowiskach rządowych i na arenie międzynarodowej dzięki zręcznej dyplomacji, zdolnościom mediacyjnym i temu, że mają szczególny dar nieantagonizowania osób, lecz wykorzystania tego, co w nich najlepsze.

Jako lekarze, pracownicy pomocy społecznej, pielęgniarze wykazują się zdolnościami i wielką uczciwością; mogą także być wybitnymi badaczami w dziedzinie medycyny, ze względu na cierpliwość i dokładność.

Idealnym środowiskiem, w którym wykazują swoją wielką wartość, jest nauczanie w przedszkolu i w szkole podstawowej. Jako osoby prostolinijne i uczciwe potrafią nawiązać kontakt z dziećmi i młodzieżą, zdobyć ich zaufanie, ponieważ je rozumieją i nigdy nie próbują im niczego narzucać siłą, podchodząc do nich z łagodnością i tolerancją.

Obdarzone zdolnościami twórczymi i manualnymi mogą wybijać się w sztuce (np. jako projektanci itp.), rzemiośle (sztuki plastyczne), w muzyce, literaturze, na scenie, w kosmetyce i estetyce.

Ich wielka intuicja i wyczucie sprawiają, że wybijają się w dziedzinach paranaukowych, do których mają szczególny pociąg.

Poza tym osiągają wiele jako sprzedawcy, przedstawiciele firm, księgowi, administratorzy, agenci ubezpieczeniowi, pracownicy agencji turystycznych, pośrednicy w handlu nieruchomościami, w agencjach kupna i sprzedaży, w handlu starociami, w antykwariatach i w dziedzinie archeologii.

Jako urzędnicy są nie do zastąpienia. Oczekują uznania za olbrzymią odpowiedzialność, pracowitość i perfekcjonizm, chociaż nie domagają się swych praw, i są narażeni na stałe wykorzystywanie.

Jako szefowie nie lubią wydawać poleceń, kierować, ponieważ nie umieją tego robić. Dwójki są zbyt pobłażliwe, tolerując sytuacje, w których powinny reagować radykalnie, a których uniknęłyby, gdyby działały energicznie i stanowczo.

Osoby z wibracją liczby dwa są konserwatywne i rozważne, gdy idzie o posługiwanie się pieniędzmi; dlatego nie ryzykują nadmiernie ani nie wpadają w długi. Zazwyczaj nie gromadzą wielkich fortun, ale jeśli już do nich dochodzą, to umieją je utrzymać. Przeważnie są osobami dość skromnymi, a nawet nie dbającymi zbytnio o zaspokajanie swoich potrzeb, ale za to są hojne dla najbliższych.

Dwójki nie dążą do błyskotliwych karier i rzadko je robią, chyba że mają wibrację mistrzowską. Na ogół ceni się je za łagodność i hojność, ich życie płynie spokojnie, często zajmują drugorzędne stanowiska, chociaż ważne dla tych, którym pomagają lub których inspirują.

UCZUCIA I RELACJE OSOBOWE

Dwójki są wyrozumiałe, uczuciowe i czułe, a jako osoby serdeczne wymagają miłości, aprobaty i oparcia od swych najbliższych.

Na ogół są bardzo wierne, romantyczne i łatwowierne w miłości i przyjaźni. W uczuciach oddają siebie na całe życie i prawie zawsze dają, nie żądając nic w zamian.

Są obdarzone olbrzymią cierpliwością i powściągliwością, rozumieją i wybaczają nawet to, co niezrozumiałe i niewybaczalne. Niestety, nie daje im to szczęścia czy spokoju, którego tak bardzo potrzebują, jeśli napotykają osoby nadużywające tej tolerancji.

Powinny mieć większą wiarę w siebie i panować nad swą nadmierną wrażliwością, bo dla partnera może być trudne ciągłe zwracanie uwagi, by nie zranić ich uczuć.

Chociaż stronią raczej od świata i mogą żyć samotnie, chętnie stwarzają swym bliźnim atmosferę spokoju i szczęścia; ponieważ kochają życie rodzinne, są szlachetne i chronią swoją rodzinę.

Nawet jeśli nie dochodzi do spięć, to jednak rozumieją się doskonale z innymi dwójkami, a także z czwórkami i szóstkami, bo ich uczucia i reakcje są bardzo podobne – są to osoby spokojne, pokorne, wrażliwe i poważne.

Dwójki przynoszą szczęście, równowagę i spokój jedynkom i ósemkom, chociaż te są dla nich zbyt ostre i dominujące; mimo to dwójki pozostają zafascynowane ich przytłaczającą osobowością i łatwo się im podporządkowują.

Trójki i piątki rozweselą życie dwójek, mogą je nauczyć korzystania z większej swobody, życia bardziej intensywnego i na większym luzie.

Związek dwójki z siódemką zaspokaja potrzeby duchowe i umysłowe obojga partnerów, a jeśli ten związek się rozpadnie, to dlatego, że oboje są zbyt poważni, melancholijni, nieśmiali i introwertyczni. Zawsze jednak jest to związek spokojny.

Dwójki i dziewiątki są jednakowo szlachetne, romantyczne i uduchowione, ale brutalna szczerość dziewiątki oraz wybuchy jej temperamentu mogą zaszkodzić takiemu związkowi. Ponadto dwójka z trudnością rozumie i akceptuje cygański, spontaniczny styl życia dziewiątki.

Dzieci – dwójki są miłe, nieśmiałe, wrażliwe i dają sobą kierować. Potrzebują zrozumienia i zachęty, żeby zdołały przezwyciężyć swą niepewność i kompleksy. Nie zawsze są to dzieci szczęśliwe, gdyż są zbyt poważne i odpowiedzialne i zbyt często spotyka je krytyka i kary.

Rodzice – dwójki są serdeczni, opiekuńczy i oddani, ale zawodzą, jeśli idzie o dyscyplinę. Często, gdy dzieci mają silny charakter, nadużywają ich tolerancji.

METAFIZYCZNE RACJE, BY WYBRAĆ 2 JAKO LICZBĘ URODZENIA

Osoby te wybrały taką liczbę urodzenia, gdyż ich Kosmicznym Obowiązkiem jest uczenie innych, że tolerancja i wyrozumiałość są zaletami, których potrzebuje dusza, by stać się doskonałą i pełną. Że zgadzając się, będąc elastycznym i wybaczając, wygrywa się najważniejszą bitwę: tę o wewnętrzną równowagę; a ich Osobistym Wyzwaniem jest nauczyć się wzmacniać własną samoocenę, przezwyciężając słabości i niepewność tej wibracji.

SŁAWNE OSOBISTOŚCI 2

Lord Byron – Federico García Lorca – Francisco Rabal – Ana Belén – Claude Debussy – Diego A. Maradona – Miguel de Unamuno – Ángel Nieto – Henry Kissinger – Manuel Fraga – Josep Tarradellas – Claude Monet – Carlo Donizetti – José Sacristán – Robert Louis Stevenson – Boris Becker – Edgar Allan Poe – Mikołaj Rimski Korsakow – książę Metternich – Tierno Galván – Gabriel Garcia Márquez – Martin Luther King – Dalajlama – Machiavelli.

INTERESUJĄCE SZCZEGÓŁY

PLANETA = Księżyc
POKREWNY ZNAK ZODIAKU = Waga
KAMIEŃ = Opal, szafir i agat
METAL = Srebro
DZIEŃ = Poniedziałek
KWIAT = Fiołek
KOLORY = Biały i lila
SZCZĘŚLIWE LICZBY = 2, 7 i 9

PRZEPOWIEDNIE DLA LICZBY 2

OD WRZEŚNIA	DO WRZEŚNIA	ROK CYKLU
2008	2009	4
2009	2010	5
2010	2011	6
2011	2012	7
2012	2013	8
2013	2014	9
2014	2015	1
2015	2016	2
2016	2017	3

WIBRACJA DATY URODZENIA – LICZBA **3**

Przykłady:

$1.01.1900 = 1 + 1 + 1 + 9 + 0 + 0 = 12 = 1 + 2 = \mathbf{3}$

$2.03.1924 = 2 + 3 + 1 + 9 + 2 + 4 = 21 = 2 + 1 = \mathbf{3}$

$21.12.1968 = 2 + 1 + 1 + 2 + 1 + 9 + 6 + 8 = 30 = 3 + 0 = \mathbf{3}$

CHARAKTER LICZBY 3

> *Nie ma większej radości niż ta,*
> *którą sprawiamy innym.*
> HENRY F. HOAR

Są to osoby najbardziej spontaniczne, żywe i wesołe z całej skali numerologicznej. Są tak przepełnione entuzjazmem i radością życia, że dobrze, stymulująco jest mieć je przy sobie.

Są nadzwyczaj towarzyskie, chętnie uczestniczą we wspólnych imprezach, potrafią, jak nikt inny cieszyć się życiem, a ponieważ mają dużo animuszu i optymizmu, lubią otaczać się osobami wesołymi i ekstrawertycznymi, jak one same. Tylko wtedy gdy portret numerologiczny trójki zawiera sporo liczb negatywnych, może ona być osobą przygnębioną lub pesymistką; w przeciwnym razie nie zna takich reakcji.

Trójki nigdy nie pozwalają, aby wydarzenia je przerosły i choćby sytuacja była naprawdę trudna, są przekonane, że zamartwianie się nic nie daje. Umieją brać rzeczy takimi, jakimi one są, i cieszą się tym, co

mają. Żyją dniem dzisiejszym, bo jutro jest daleko. Ta filozofia, chociaż wydaje się powierzchowna, pozwala im nie załamywać się wobec przeciwności losu; jednakże nie chodzi tu o męstwo wobec nieszczęścia, tylko o zwykły optymizm.

Trójki są błyskotliwe, pomysłowe i obrotne. Łatwo się uczą i są dobrymi studentami w każdej dziedzinie, która je zainteresuje. Ten piękny obraz psuje jedynie materializm, pospolitość i monotonia.

Żadna inna liczba nie roztacza tyle wdzięku, blasku i uroku. Trójki, popularne i podziwiane za wytworność i towarzyskość, osiągają też to, że wszyscy dobrze się czują w ich towarzystwie. Dobry humor, tupet i cięty język sprawiają, że stają się, jeśli tylko chcą, ośrodkiem zainteresowania, a zdarza się to często, bo lubią być podziwiane, błyszczeć w towarzystwie, znać się z ważnymi osobistościami. Krąg ich przyjaciół i admiratorów jest zawsze szeroki, bo umieją powiedzieć to co trzeba w odpowiedniej chwili i odpowiedniej osobie.

Swobodne, zmienne, wolne od przesądów i ograniczeń, wymagają niezależności, aktywności i bujnego życia towarzyskiego, bo kontakty z ludźmi dodają im animuszu i wigoru.

Są bardzo wrażliwe na bodźce zewnętrzne, silny wpływ wywierają na nie postawy, nastroje, reakcje innych osób, a także atmosfera w miejscach, w których się poruszają.

Jako osoby jowialne i sympatyczne cieszą się dużą popularnością, ponieważ rozweselają i ożywiają wszystkich, z którymi się stykają. Posiadają szczególną umiejętność wywierania korzystnego wrażenia, jeśli tylko chcą, bo są żywe, porywające i nie ustają w poszukiwaniu miłości, piękna, rozrywki i radości.

Są to romantycy, idealiści, osoby wrażliwe i uduchowione, które marzą o idealnym świecie, i chociaż na ogół nie lubią borykać się z problemami, chcąc jedynie być szczęśliwymi i dawać szczęście, czasem są zdolne do poświęcenia się dla jakiegoś ideału.

Obdarzone intuicją, bystrością i przyciągające spojrzenia, są jednak osobami, na których można wywrzeć wrażenie i mieć na nie wpływ, ponieważ w gruncie rzeczy są prostolinijne i wierzą innym, zwłaszcza gdy ktoś odwołuje się do ich szlachetności lub schlebia ich próżności.

Dbają o swój wygląd, są osobami eleganckimi i atrakcyjnymi, potrafiącymi zauroczyć.

Na ogół osoby o tej liczbie są szczęśliwe i umieją wykorzystać innych oraz okoliczności do swych własnych celów.

CECHY NEGATYWNE

Jeśli nie ma wibracji ograniczających, osoby o tej liczbie są lekkomyślne i powierzchowne. Nie chcą stawiać czoła trudnościom, uciekają od odpowiedzialności, interesuje je jedynie zabawa; marnują w ten sposób niewątpliwy talent i zalety.

Robią wszystko z ostentacją, są zarozumiałe i pyszałkowate; z chęci wyróżnienia się i podobania obiecują więcej, niż mogą lub zamierzają spełnić; często umyślnie korzystają ze swojego uroku i wdzięku. Robią to wtedy, gdy tego potrzebują, i wobec tych, których wybierają, żeby tylko zrealizować swoje cele.

Są zdolne do kłamstwa, zdarzają się nawet autentyczni mitomani, którzy w końcu zaczynają wierzyć we własne zmyślenia i nieprawdziwe historie.

Nie potrafią odróżnić rzeczywistości od fantazji i trzymają się mocno swego fikcyjnego świata, w którym wszystko jest piękne i doskonałe.

Są to osoby rozpieszczone i kapryśne, łatwo zdobywające i przekonujące, co może okazać się dla nich niekorzystne, ponieważ sądzą, że wszystko im wolno.

Niestałe i zmienne, przeskakują z jednego celu na drugi, poszukując jedynie nowości i podniety; męczą je natomiast rutyna oraz głębokie i poważne zamierzenia.

MOŻLIWOŚCI ZAWODOWE I FINANSOWE

Są to artyści, osoby natchnione, pomysłowe i ekspresyjne, wybijają się w każdej dziedzinie, w której mogą wykazać się zdolnościami twórczymi, ponieważ ta liczba oznacza ludzi posiadających więcej talentu niż większość innych. Sztuka jest tym, co je szczególnie pociąga, niezależnie od uprawianej dyscypliny, i jest to najlepsza forma wyrażenia siebie, bowiem zapewnia im życie aktywne, urozmaicone, wesołe i śmiałe, czyli takie, jakiego potrzebują.

Trójki to osoby dynamiczne i aktywne, które swoje sukcesy zawdzięczają także komunikatywności oraz zdolności do inspirowania i zachęcania innych, przekonując ich, że wszystko jest możliwe; zawdzięczają je też łatwości, z jaką wykorzystują sytuacje, a nawet osoby.

Monotonia rutynowych czy technicznych prac zmniejsza w sposób istotny możliwości osiągnięcia sukcesu i realizacji zamierzeń, a gdy szukają szybszego rytmu i większej rozmaitości, rozpoczynają wiele rzeczy, których nie kończą; marnują w ten sposób swój niewątpliwy talent. Ich słabym punktem jest brak wytrwałości i siły woli połączony z przesadną chęcią intensywnego i beztroskiego życia.

Błyskotliwe i przekonujące, o wielkiej wyobraźni i umiejętności wysławiania się, dzięki czemu osiągają sukcesy jako pisarze, dziennikarze, specjaliści reklamy, kreatorzy, wykładowcy itd., ponieważ umieją trafić do ludzi i przekonać ich za pomocą słowa mówionego lub pisanego.

Ich zdolności twórcze, oryginalność, poczucie piękna i elegancja ułatwiają im dostęp do świata mody, dekoracji i estetyki.

Mogą również odnosić sukcesy w pracy związanej z przekazem, komunikacją i w działach firmy zajmujących się kontaktami z klientem, bo odznaczają się łatwością nawiązywania kontaktów z ludźmi oraz umiejętnością wpływania na ich gusty i zachowanie. Z tego samego powodu wybijają się w handlu, ponieważ są w stanie namówić ludzi do kupna każdego towaru.

Jako osoby szlachetne i humanitarne dobrze spełniają swe obowiązki w każdej pracy na rzecz potrzebujących, w pomocy społecznej i nauczaniu, ale nade wszystko ich wielkie zdolności artystyczne, brak zahamowań, umiejętność bawienia i talent aktorski oraz chęć zwrócenia na siebie uwagi sprawiają, że potrafią zajść wysoko w świecie artystycznym.

Trzeba jednak podkreślić, że aby mogły zająć to uprzywilejowane miejsce, jakie im się należy za niewątpliwy talent, żywą inteligencję i ambicję, będą musiały popracować nad charakterem, wytrwałością i cierpliwością, bowiem pragnienie, by przede wszystkim przyjemnie spędzić czas, może skazać ich na niepowodzenie. Korzystanie z wygód i przyjemności życia może stać się dla nich największą ambicją, a niechęć do dojrzewania, stawiania czoła problemom i wytrwałości w zamierzeniach może zniszczyć ich szanse na doskonalenie i postęp.

Trójki są wspaniałomyślne, rozrzutne i lubują się w przepychu, kiedy mają pieniądze; dla nich nigdy nie jest problemem zdobycie ich, bo mają predyspozycje do tego, a poza tym są szczęściarzami w czepku urodzonymi. Prawdziwym problemem jest zaoszczędzenie tego, co zarobią, bo zwykły trwonić pieniądze z uśmiechem i beztroską, żyjąc dziś i nie myśląc

o jutrze. Jednakże jutro jest ważne i jeśli w porę nie zmienią swej postawy, może je czekać starość gorzka, bez opieki.

Pracownicy – trójki wykazują wielki entuzjazm i inicjatywę w pracy, jeśli jest ona ciekawa, urozmaicona i pozwala im na wykorzystanie zdolności twórczych.

Jako szefowie potrafią stworzyć swoim pracownikom przyjemną atmosferę, ale nie umieją być wymagające czy karać, potrzebują do tego pośredników, którzy rozwiążą te problemy za nich.

Trójki często mają szczęście i wygrywają swój los, co zapewnia im życie wygodne i ciekawe. Gdy ich portret numerologiczny jest wzmocniony, osiągają sukces dzięki swym zdolnościom artystycznym.

UCZUCIA I RELACJE OSOBOWE

Entuzjazm, witalność i pasję, jaką wkładają w każdą rzecz, przenoszą także na swój stosunek do innych osób.

Są zabawne i sympatyczne, prawie zawsze mają duże grono znajomych i wielbicieli. Ich przyjaźń nie jest zbyt wielka, ponieważ dzielą swój czas i zainteresowanie na bardzo wiele rzeczy. Są idealnymi przyjaciółmi na wspólne wyjścia czy zabawy, dopingują i podnoszą na duchu, ale lepiej nie opowiadać im o swych kłopotach i przykrościach, bo ich szczególna filozofia życiowa zabrania wikłania się w problemy swoje lub cudze. Na ogół uciekają od nieprzyjemnych sytuacji i od osób przygnębionych lub zbyt poważnych.

Są romantykami i marzycielami, latami poszukują doskonałej miłości. Idealizują swych partnerów, wydaje im się, że są wielokrotnie zakochane, co sprawia, że otacza ich fama ludzi lekkomyślnych i niestałych; kiedy jednak zakochają się naprawdę, oddają się bez reszty i całkowicie.

Są to osoby gorące, czułe i lojalne, wyrażające swą miłość gestami i słowami; życie z nimi układa się dobrze, bo rzadko się zdarza, że chcą zdominować partnera.

Rozumieją się dobrze prawie z wszystkimi, ale szczególnie harmonijnie układa im się życie z innymi trójkami oraz z jedynkami, piątkami i dziewiątkami, które mają podobny entuzjazm i potrzebę intensywnego życia.

Mimo że dwójki, czwórki, szóstki, siódemki i ósemki są poważniejsze i głębsze, trójki wcale się tym nie przejmują, bo wiedzą, że dostosują się do każdej osoby. I choć na początku mają weselsze życie, to ku zaskoczeniu trójek właśnie ich partnerzy o innej liczbie zmęczą się w końcu takim postępowaniem, lekkomyślnym i nieodpowiedzialnym.

Dzieci o tej liczbie są urocze, wesołe, pełne optymizmu, swobodne. Oczarowują młodszych i starszych darem wymowy i urokiem, co w większości przypadków pozwala im postawić na swoim. Wymagają władzy umiejącej znaleźć proporcje między dyscypliną a tolerancją, to znaczy takiej, która wpoi im szacunek dla innych i samokontrolę; w przeciwnym razie mogą się stać kapryśne, zarozumiałe i nie do wytrzymania. Ponieważ na ogół są prostolinijne i poddają się wpływom, powinny kontrolować, z kim się przyjaźnią, aby uniknąć manipulowania sobą czy sprowadzenia na złą drogę.

Jako rodzice są uczuciowi, zapobiegliwi i bardzo liberalni, przede wszystkim dlatego, że nie lubią dominować, czasem czynią to dla swojej wygody, by nie komplikować sobie życia, czasem zaś z powodu zaangażowania społecznego, które nie pozwala im na poświęcenie większej ilości czasu rodzinie.

METAFIZYCZNE RACJE, BY WYBRAĆ 3 JAKO LICZBĘ URODZENIA

Osoby te wybrały taką liczbę urodzenia, gdyż ich Kosmicznym Obowiązkiem jest pokazanie innym, że dzięki optymizmowi i pozytywnej filozofii można pokonać wszystkie przeszkody i wyjść zwycięsko ze wszystkich codziennych prób, i że wiara, radość i fantazja pozwalają nam nawiązywać kontakty i otwierają przed nami wszystkie drzwi; a ich Osobistym Wyzwaniem jest nauczyć się koncentrować i przezwyciężać niestałość czarującej, lecz bardzo uległej osobowości.

SŁAWNE OSOBISTOŚCI 3

Salvador Dalí – Victor Hugo – Luis E. Aute – Felipe Campuzano – Maja Plisiecka – Louis Armstrong – Paloma San Basilio – Gary Moore – Severo Ochoa – Carlos Santana – Wacław Niżyński – Arantxa S. Vicario – Cagliostro – Maria Callas – Hans Christian Andersen – Ella Fitzgerald – Andriej Sacharow – Sarah Bernhardt – Llongueras – Faye Dunaway – Anton Durero – Włodzimierz Lenin – Arthur Schopenhauer – Audrey Hepburn.

INTERESUJĄCE SZCZEGÓŁY

PLANETA = Jowisz
POKREWNY ZNAK ZODIAKU = Ryby – Bliźnięta
KAMIEŃ = Turkus, granat i ametyst
METAL = Cynk i cyna
DZIEŃ = Czwartek
KWIAT = Stokrotka
KOLORY = Niebieski, purpurowy i fioletowy
SZCZĘŚLIWE LICZBY = 3, 5 i 8

PRZEPOWIEDNIE DLA LICZBY 3

OD WRZEŚNIA	DO WRZEŚNIA	ROK CYKLU
2008	2009	5
2009	2010	6
2010	2011	7
2011	2012	8
2012	2013	9
2013	2014	1
2014	2015	2
2015	2016	3
2016	2017	4

WIBRACJA DATY URODZENIA – LICZBA 4

Przykłady:

$10.01.1910 = 1 + 0 + 1 + 1 + 9 + 1 + 0 = 13 = 1 + 3 = \mathbf{4}$

$2.04.1933 = 2 + 4 + 1 + 9 + 3 + 3 = 22 = 2 + 2 = \mathbf{4}$

$18.09.1921 = 1 + 8 + 9 + 1 + 9 + 2 + 1 = 31 = 3 + 1 = \mathbf{4}$

$7.08.1978 = 7 + 8 + 1 + 9 + 7 + 8 = 40 = 4 + 0 = \mathbf{4}$

CHARAKTER LICZBY 4

Z pracy pochodzi to, co wielkie w człowieku,
a cywilizacja jest tego wytworem.
SMILES

Ta liczba oznacza powagę, odpowiedzialność, metodyczność i zdrowy rozsądek, a osoby, które posiadają tę wibrację, są godne zaufania i znane z umiarkowania oraz stateczności. Ze względu na swą wielką ostrożność, roztropność i zachowawczość nigdy nie ryzykują ani nie narażają na szwank swej pozycji, chyba że po przeanalizowaniu wszystkich aspektów danej sprawy dojdą zawczasu do przekonania, że ma ona szanse powodzenia.

Czwórki są najbardziej pracowite z całej skali numerologicznej. Są stałe, zdyscyplinowane i wytrwałe, wypełniają skutecznie swe obowiązki, a że przy tym mają silną wolę i wytrwałość (czasem zmieniające się w upór), osiągają często w życiu wysoką pozycję. Jako osoby wytrwałe i dzielne nigdy nie wycofują się ze swych zamierzeń, a są zdolne do nadzwyczajnego wysiłku, dzięki czemu powoli i pracowicie osiągają swe cele. Zważywszy, że chodzi o osoby tak solidne i praktyczne, cele te mają prawie zawsze charakter materialny i konkretny.

Czwórkom przeważnie nic nie przychodzi w życiu łatwo, więc nie żyją nadziejami czy złudzeniami, lecz trzymają się realiów i wierzą tylko w to, co rzeczywiste, i w siebie, bo podczas gdy inne wibracje marzą, czwórki realizują.

Są rozsądne, pogodne, zrównoważone, a ich stałość charakteru i zdrowy rozsądek sprawiają, że chodzą twardo po ziemi. Dla nich umysł i wola ludzka nie znają granic, nic zatem dziwnego, że na dłuższą metę, podobnie jak mrówki, gromadzą zapasy i zabezpieczają się, o ile tylko do ich przysłowiowej cierpliwości dodamy samodyscyplinę, ambicję i chęć pokonania siebie.

Poczucie rzeczywistości, uczciwość i sprawiedliwość są jednymi z najważniejszych cech ich charakterystyki. Prawe, choć na pierwszy rzut oka nie tak energiczne jak inni, potrafią jednak zdobyć sobie szacunek i podziw ludzi.

Opiekuńcze i obowiązkowe, są w każdej chwili gotowe nie tylko bronić osoby ze swojego otoczenia, ale nawet stać się bojownikami sprawiedliwości społecznej czy rewolucjonistami zdolnymi sięgnąć po przemoc dla naprawienia niesprawiedliwości lub obrony uciskanych.

Logiczne, analityczne i racjonalne, nie wierzą w to, czego nie znają, i podobnie jak św. Tomasz, muszą same zobaczyć i przekonać się.

Są badawcze, spokojne i powściągliwe, nie kluczą, lecz zmierzają prosto do sedna. Lubią sprawy jasne i określone, mówią językiem zwięzłym, prostym i bezpośrednim, choć czasem zdecydowanym i twardym. Rzadko kiedy mają poczucie humoru, ponieważ wszystko biorą zbyt serio; denerwują je bardzo osoby pobudliwe, gadatliwe i powierzchowne.

Są uporządkowane i systematyczne aż do przesady, procesy myślowe zachodzą u nich powoli, a chociaż nie zwykły reagować szybko jak inne wibracje, to jednak w odróżnieniu od tamtych nigdy nie zapominają tego, czego się już nauczyły.

Kontrolują się stale, zbyt dużo od siebie wymagają, są na ogół zbyt poważne, nie potrafią się odprężyć i prawie zawsze ukrywają swe uczucia.

CECHY NEGATYWNE

Prawie zawsze zaleta doprowadzona do ekstremum zamienia się w wadę i w tym wypadku stanowczość i wytrwałość czwórek doprowadza do tego, że ich upór przesłania im rozsądek. Obstają wtedy przy swoich pomysłach, nie akceptując sugestii innych i nie uznając własnych pomyłek. Takie zaślepienie i nieprzejednanie może być szkodliwe i zamyka im drogę do sukcesu.

Rozczarowane i zachowawcze, zbyt ostrożne i bojące się ryzyka, i nieprzewidzianych sytuacji, prze-

kreślają swe dokonania, pozwalając umykać wielkim szansom.

Jeśli w grę wchodzą inne, podobne wibracje, a ambicja przerasta czwórkę, może ona dostać prawdziwej obsesji na punkcie pracy, przedkładając ją nad wszystko; może też stać się nieludzka i pozbawiona skrupułów przy wyborze środków prowadzących do celu.

Czwórki to osoby twarde, wymagające, szorstkie i surowe, czasem nawet nietolerancyjne, wąsko patrzące; ich poczucie sprawiedliwości społecznej może je doprowadzić do fanatyzmu i niepohamowanej przemocy.

Nie okazują uczuć, są na nie zamknięte, co powoduje, że stają się zimne, nieczułe, pogrążone w rutynie i nudne. Przytłoczone przez przedstawicieli innych, radykalnych wibracji, nie są w stanie wybaczyć zniewagi ani zdrady i dążą do odegrania się lub zemsty.

MOŻLIWOŚCI ZAWODOWE I FINANSOWE

Jeśli potrafią wykorzystać swe zalety i cechy wrodzone, mają zapewniony sukces, bo ta liczba wyposaża w upór, stanowczość i ambicję tak potrzebne do osiągnięcia celu, a nie należy zapominać, że czwórka nigdy nie rezygnuje, kiedy już na coś się zdecydowała.

Nie obawiają się prac nudnych, rutynowych, a z góry ustalone reguły pomagają im lepiej pracować. Czwórki nigdy nie działają bez zastanowienia, lecz planują starannie i z wyprzedzeniem wszystkie swoje przedsięwzięcia. Nie licząc na szczęście ani na pomoc innych osób, potrafią zdobywać wszystko i czynić postępy swoim wysiłkiem. Cierpliwość, pracowitość i nadzwyczajne poświęcenie sprawiają, że dając z siebie wszystko, zawsze osiągają założone cele, chociaż zajmuje im to sporo czasu.

Ich ukształtowany i silny charakter daje poczucie pewności tym, którzy na nie liczą. Nie potrafiąc zawieść zaufania, muszą wypełniać wszystko; jednakże w wielu wypadkach przeżywają wewnętrzny konflikt, bo ich charakter powstrzymuje je, przepełnia wątpliwościami i obawami, których inni nie mają, a one nie okazują tego, ponieważ są zbyt dumne.

Pieniądze mają dla nich znaczenie, ale nie są skąpe ani chciwe. Potrzebują wsparcia finansowego, ponieważ zarabianie pieniędzy nie przychodzi im łatwo, a są do tego nadzwyczaj ostrożne. Są szczodre dla osób na ich utrzymaniu, ale nie rozrzutne. Gdy znajdą się w trudnej sytuacji bez środków do życia, deprymuje je to i wyprowadza z równowagi bardziej niż innych. Dzięki wspomnianym już zaletom, umiejętności dobrego gospodarowania i przezornemu myśleniu o jutrze z reguły na starość nie pozostają bez zabezpieczenia, przy tej liczbie jest więcej przypadków wielkich fortun niż przy innych wibracjach.

Jako osoby cierpliwe, porządne i skrupulatne radzą sobie świetnie w zajęciach wymagających koncentracji i dokładności. Ich domeną jest technika i nauka; mogą zostać wybitnymi badaczami i wynalazcami zwłaszcza w naukach ścisłych i ich zastosowaniach. Mogą też wybić się w specjalnościach inżynierskich, budownictwie, mechanice i innych działach techniki ze względu na umiejętność posługiwania się różnymi narzędziami.

Jeśli w ich portrecie numerologicznym nie ma wibracji artystycznych, brakuje im natchnienia i swobodnego stylu, co tak dobrze charakteryzuje osoby ze świata artystów; jednakże dzięki niewątpliwym zdolnościom manualnym mogą się wybić jako rzeźbiarze czy wykonawcy miniatur.

Często pasjonuje je matematyka, mają więc uzdolnienia do wykonywania zawodów opartych na

matematyce albo wiążących się z gospodarką pieniężną, na przykład zawód księgowego, ekonomisty, bankowca itp.

Jeśli w ich portrecie numerologicznym są wibracje związane z literaturą, wybijają się jako autorzy podręczników czy traktatów naukowych oraz jako krytycy literaccy czy dramaturgowie.

Jako osoby skrupulatne i cierpliwe dobrze funkcjonują w pracach biurowych i drukarskich lub w tych, gdzie potrzebna jest dokładność i precyzja, jak zegarmistrzostwo czy jubilerstwo.

Jeśli wybierają medycynę, to decydują się przeważnie na chirurgię kostną i miękką. Potrafią planować z powodzeniem kampanie polityczne, ekonomiczne czy przemysłowe, bo mają wizję całościową oraz analityczny umysł, który to wszystko porządkuje i systematyzuje, nie zapominając o niczym.

Cechy takie jak prostolinijność, stanowczość, honor i nieskazitelność w połączeniu z zamiłowaniem do porządku i dyscypliny są typowe dla doskonałych wojskowych, sędziów, adwokatów, ponieważ szanują prawo i przepisy, zawsze starając się być obiektywne i bezstronne.

Jako pracownicy są zdyscyplinowane, wytrwałe, wypełniają swe obowiązki sumiennie i odpowiedzialnie, i to z własnej inicjatywy.

Jako szefowie są często zbyt wymagające, nie tolerują zaniedbań ani nieporządku. Sprawiedliwie opiekuńcze dla dobrych pracowników, są nieugięte dla tych, którzy nie pracują należycie.

Czwórki są osobami praktycznymi i ostrożnymi, potrzebują wsparcia finansowego, które prawie zawsze uzyskują. Powoli i pracowicie, ale pewnie pną się w górę; ich domeną jest przecież intensywna praca i odpowiedzialność, a nie życie pełne rozrywek.

UCZUCIA I RELACJE OSOBOWE

Ich solidność i moc charakteru znajdują wyraz także w sferze uczuć. Są one szczere, uczciwe i lojalne jako przyjaciele i kochankowie, biorą na serio więzi sentymentalne i nie igrają z uczuciami.

Chociaż niezbyt komunikatywne i wyraziste, dotrzymują zawsze zobowiązań i są opiekuńcze dla swych najbliższych.

Zawsze są spokojne, powściągliwe i dyskretne, cenią życie rodzinne, wolą małe spotkania towarzyskie z wybranymi przyjaciółmi od spotkań w wielkim gronie.

Nieśmiałe, introwertyczne, świetnie wyczuwają to co śmieszne i to co poprawne, zazwyczaj nie okazują uczuć, ale przeżywają je mocno i głęboko.

Jako osoby bardzo praktyczne, ostrożne i często nieufne, ujawniają swoje uczucia jedynie wtedy, gdy osiągają pewność, że są one odwzajemniane; chociaż ich związkom miłosnym nie towarzyszy ostentacja ani wielkie romantyczne gesty, są szczere, stałe i pewne.

Dobrze się uzupełniają z osobami o tej samej wibracji oraz z dwójkami, szóstkami i siódemkami, ponieważ są poważne, stateczne i spokojne jak one. Między nimi na pewno nie będzie romantycznych gestów ani przesłodzonych słów, ale ich związek pozostanie czuły, miły, mocny i trwały. Jednakże dwójki i szóstki powinny pohamować nieco nadmierną wrażliwość i nie wymagać okazywania uczuć, a siódemki powinny być bardziej otwarte i komunikatywne.

Jedynki, ósemki i dziewiątki są absorbujące, zaborcze i czasem despotyczne, ale jeśli zapanują nad tymi cechami, mogą być szczęśliwe z czwórkami, ponieważ mają wiele rysów wspólnych.

Trójki i piątki prawie zawsze fascynują i olśniewają czwórki swą żywiołością, dynamizmem i weso-

łością, ale na dłuższą metę są dla nich męczące. Czwórki nie mogą zrozumieć ich beztroski, śmiałości i nieostrożności.

Czwórki – dzieci są poważne, zdyscyplinowane i posłuszne. Przeważnie z trudnością przychodzi im wyjawić swe uczucia lub myśli i często stanowią zagadkę dla swych rodziców. Chociaż bardzo uparte, nie buntują się otwarcie, ale uporczywie trzymają się swoich idei. Powinny być wychowywane bardzo łagodnie, bo arbitralny rygor wywołuje przeciwne skutki i powoduje bunt.

Jako rodzice, czwórki są zawsze bardzo odpowiedzialne i obowiązkowe. Wszystko uczynią dla swej rodziny, ale często są zbyt rygorystyczne i surowe. Powinny starać się być bardziej serdeczne, ponieważ dzieci pragną nie tylko opieki, ale przede wszystkim miłości.

METAFIZYCZNE RACJE, BY WYBRAĆ 4 JAKO LICZBĘ URODZENIA

Osoby te wybrały taką liczbę urodzenia, gdyż ich Kosmicznym Obowiązkiem jest pokazywanie, że poczucie odpowiedzialności, porządek i praca pozwalają nam osiągnąć każdy cel i być jednocześnie obrońcami sprawiedliwości i praw człowieka: innymi słowy, „filarami społeczeństwa". Ich Osobistym Wyzwaniem jest nauczyć się być bardziej uległymi, otwartymi i wyrozumiałymi oraz mniej wymagającymi w stosunku do siebie samych i do innych.

SŁAWNE OSOBISTOŚCI 4

Infantka Krystyna de Borbón y Grecia – Antonio de Senillosa – John Rockefeller – Papież Jan Paweł I – Martina Navratilova – Frank Sinatra – Margaret

Thatcher – Luciano Pavarotti – Józef Stalin – Antonio Gala – Maria Skłodowska-Curie – Lew Trocki – José Zorrilla – Julio Iglesias – Ted Turner – Zygmunt Freud – Marian Anderson – Jan Henryk Pestallozzi – Joaquín Verdaguer – Neil Diamond – Elton John – John Dillinger – Isaac Albéniz.

INTERESUJĄCE SZCZEGÓŁY

PLANETA = Saturn
POKREWNY ZNAK ZODIAKU = Koziorożec
KAMIEŃ = Granit i szafir
METAL = Ołów i uran
DZIEŃ = Wtorek
KWIAT = Słonecznik
KOLORY = Ciemna zieleń i brąz
SZCZĘŚLIWE LICZBY = 4, 6 i 8

PRZEPOWIEDNIE DLA LICZBY 4

OD WRZEŚNIA	DO WRZEŚNIA	ROK CYKLU
2008	2009	6
2009	2010	7
2010	2011	8
2011	2012	9
2012	2013	1
2013	2014	2
2014	2015	3
2015	2016	4
2016	2017	5

WIBRACJA DATY URODZENIA – LICZBA 5

Przykłady:

$2.01.1910 = 2 + 1 + 1 + 9 + 1 + 0 = 14 = 1 + 4 = 5$

$1.05.1961 = 1 + 5 + 1 + 9 + 6 + 1 = 23 = 2 + 3 = 5$

$24.02.1986 = 2 + 4 + 2 + 1 + 9 + 8 + 6 = 32 = 3 + 2 = 5$

$27.09.1985 = 2 + 7 + 9 + 1 + 9 + 8 + 5 = 41 = 4 + 1 = 5$

CHARAKTER LICZBY 5

> *Wolność jest narzędziem, które Bóg*
> *dał człowiekowi, aby wykuwał swój los.*
> EMILIO CASTELAR

Piątka to liczba reprezentująca osoby najbardziej niespokojne, żywe i zmienne w całej skali numerologicznej. Nadzwyczaj niecierpliwe, szybkie i impulsywne, reagują natychmiast na każde wyzwanie, okoliczność czy bodziec.

Piątki nie znoszą rutyny i monotonii. Witalne i czynne aż do przesady, „rozkwitają" tam, gdzie jest działanie, ruch, życie. Nie żyją wspomnieniami, oddają się całkowicie temu, co niesie dzień dzisiejszy, a swe spojrzenie kierują na jutro, ciągle szukając przygody i podniety.

Są otwarte, spontaniczne, stymulujące, zawsze gotowe do nowych doświadczeń i ryzyka, nie boją się poświęcić wszystkiego, jeśli w grę wchodzi ich niezależność czy autonomia.

Nadzwyczaj ciekawe i wścibskie, interesują się wszystkim, co je otacza, i nie obserwują wydarzeń z zewnątrz, lecz angażują się czynnie w przygodę życiową. Są odważne i śmiałe, pociąga je bardzo to, co nieznane i wszystko to, co oznacza wolność i zmianę.

Błyskotliwe, ostre i oryginalne, mają wielkie zdolności twórcze i niesamowitą pomysłowość. Ich umysł w jednej chwili ogarnia wszelkie szczegóły danej sprawy i interpretuje je natychmiast, bowiem ich głowy są pełne pomysłów opartych na intuicji i natchnieniu.

Piątki są indywidualistami, całkowicie niezależne, ich krokami kieruje wielkie umiłowanie wolności, od której zależą ich działania. Odrzucają wszelkie więzy czy ograniczenia, buntując się, czasem gwałtownie, przeciw każdej dominacji czy to ze strony bliskiego otoczenia, czy też ze strony społeczeństwa. Ponieważ stale są w stanie wojny o własną wolność, powinny być kierowane inteligentnie i dyplomatycznie, w przeciwnym razie zerwą więzy bez zastanowienia.

Piątki są bardzo nerwowe, niespokojne, porywcze, często egzaltowane i łatwo wpadają w gniew. Reagują natychmiast na każdy bodziec z zewnątrz i zmieniają ciągle swe plany, zachowując się jak chorągiewka na wietrze. Ten niepokój, ta zmienność i wyczekiwanie biorą się stąd, że ich nerwy są w ciągłym napięciu; chwytają od razu wszelkie szczegóły danej sytuacji czy czyjegoś zachowania tak, że ich działanie bardzo wszystkich zaskakuje, bo nigdy nie wiadomo co zrobi piątka. Każdego dnia budzą się w innym nastroju, od melancholii do euforii, od nieśmiałości do agresywności, czasem te zmiany następują z minuty na minutę. Jest zatem całkowicie zrozumiałe, że prowadzą życie bardziej intensywne i urozmaicone niż inni. Interesuje je wszystko, rozumieją, biorą czynny udział, ale prawie

nigdy nie angażują się całkowicie. Podchodzą do pomysłów, osób i sytuacji chłodno, badając je umysłem, prawie nigdy nie pozwalając, aby uczucia przesłoniły im rozumowanie lub wpłynęły na ich działania.

Mimo że często są silne, dynamiczne i energiczne, a wobec ludzi mogą się jawić jako osoby światowe, niezwykle skomplikowane, w gruncie rzeczy pozostają niewinne i prostolinijne jak dzieci. Jest to nieśmiałość i taka prostota, która czyni je bardzo miłymi i pociągającymi.

Są to osoby inteligentne, pociągające, o dużej intuicji i rozwiniętej sferze duchowej, odczuwające stałą potrzebę ewolucji i rozwoju wewnętrznego.

CECHY NEGATYWNE

W ramach tej wibracji jest najwięcej zmarnowanych talentów, osób niezadowolonych i zgorzkniałych, bowiem cechy negatywne tej liczby zamykają drogę do sukcesów i samorealizacji.

Muszą stale walczyć z nadmierną niecierpliwością, która nie pozwala im wytrwać, ze skłonnością do irytacji przysparzającą im problemów we współżyciu i budzącą niechęć, z pośpiesznym reagowaniem bez zastanawiania się nad skutkami i z nadmiernym pragnieniem wolności, które może je zmienić w buntowników i nonkonformistów.

Różne humory, gwałtowne reakcje i odpowiedzi raniące czy obraźliwe mogą zniszczyć ich relacje z innymi osobami. Jeśli same się nie zmienią i nie będą przyjmować rad czy ograniczeń, nie wykorzystają prób i przeżytych doświadczeń, pozostaną osobami niedojrzałymi, zgorzkniałymi i niedostosowanymi.

Piątka, która się zmienia, ucząc się odprężania, koncentracji, kierowania sobą w sposób uporządkowany i systematyczny, choć będzie ją to kosztowało o wiele więcej trudu niż osobę spokojną i ostrożną, ma szansę stać się kimś wybitnym, nadzwyczajnym.

MOŻLIWOŚCI ZAWODOWE I FINANSOWE

Rutyna, monotonia i bezczynność są śmiertelnym zagrożeniem dla każdej piątki. Bez życia czynnego duch piątki zamiera i czuje się ona głęboko nieszczęśliwa, niekiedy melancholijna, nietowarzyska i zgorzkniała; zatem żeby poczuła się zrealizowana i szczęśliwa, jej praca zawodowa powinna być ruchliwa, urozmaicona i zajmująca. Piątki są z natury żądne przygód, więc już samo życie stanowi dla nich wyzwanie, które należy podjąć, a ponieważ są odważne i lubią ryzyko, nigdy nie wzbraniają się przed zaangażowaniem się.

Ich nerwowość, nieustanna aktywność, bycie stale w pełnej gotowości (bo w każdej chwili wymagają od siebie maksimum) to obciążenie, za które w dłuższej perspektywie trzeba zapłacić. Mimo ukrywania tego, żyją w ciągłym napięciu i często czują się niepewne, co może oddziaływać na ich zdrowie. Stąd przypadłości takie jak stres, problemy nerwowe lub żołądkowe, które miewają z powodu intensywnego trybu życia.

Są nadzwyczaj twórcze i obrotne, wybijają się w różnych dziedzinach, bo nie mają problemów z ciągłym uczeniem się i dostosowywaniem do różnego typu działalności, byle było to zajęcie ciekawe, innowacyjne i dynamiczne. Jeśli więc nie pogłębiają swej wiedzy w danej dyscyplinie, przeważnie powiększają listę tych osób, które są ilustracją znanego powiedzenia: „Kto zna się na wszystkim, nie zna się na niczym".

Piątki mają wszystko, co potrzebne jest do osiągnięcia sukcesu. Jasny umysł, talent, osobowość, siła i zapał to cechy, które będą im pomocne, o ile tylko zapanują nad niecierpliwością i wytrwają do końca.

Jednakże trzeba tu wyjaśnić, że sukces w ich przypadku nie oznacza automatycznie dojścia do bogactwa i do władzy; żeby osiągnąć szczęście, potrzebują jedynie intensywnego życia i wielu wyzwań. Dlatego powinny starannie wybierać przyszły zawód, bowiem prestiż i sława nie motywują ich dostatecznie, tak jak możliwość uniknięcia nudy i monotonii. Zatem najlepiej będą się czuć w zawodach wymagających inicjatywy, zmienności, wyobraźni i śmiałości, a unikać powinny zawodów, w których liczy się praktyka lub dokładność i cierpliwość.

Najlepszy wybór stanowić mogą: reklama, kontakty z zagranicą, dziennikarstwo, sport, sprzedaż i różne formy wypowiedzi artystycznej, jak i te, które wymagają śmiałości i odwagi, włączając w to zawody, w których ryzykuje się życie, takie jak: podróżnik, oblatywacz, żeglarz, myśliwy itd.

Piątki jako perfekcjoniści, przy tym bardzo ciekawe wszystkiego i analityczne, wybijają się w badaniach naukowych i wynalazkach rewolucjonizujących świat.

Zawód polityka, adwokata, tajnego agenta, doradcy gospodarczego to niektóre przykłady zajęć spośród wielu, które im odpowiadają, o ile tylko, jak wspomniano wcześniej, zapanują nad nadmiarem energii, która w nich drzemie i wykorzystają ją odpowiednio.

Pieniądze, tak ważne dla innych, dla nich nie mają takiej wartości; być może bierze się to stąd, że nie mają kłopotów z ich zdobywaniem, lecz z utrzymaniem. Lubią je mieć i korzystać z nich, ale brak pieniędzy nie niepokoi ich ani nie paraliżuje. Często wydają je beztrosko, mogą zaryzykować wszystko w zuchwałej i śmiałej operacji. Jeśli piątka ma pieniądze, jeździ taksówką, a jeśli ich nie ma, chodzi pieszo i jest równie zadowolona; tak więc piątki powinny zwracać się do innych osób, aby zarządzały ich dochodami.

Pracownicy o tej liczbie muszą czuć się wolni, aby dać z siebie wszystko. Jako osoby pomysłowe i nadzwyczaj aktywne, mogą zbuntować się przeciw despotycznemu i nieelastycznemu szefowi. Powinni też uważać, ponieważ ta wibracja rodzi szczególnie dużo zawiści.

Jako szefowie nie lubiący i nie umiejący kierować, piątki mogą wprowadzić zamieszanie przez swe zmienne nastroje. Są wspaniałe, jeśli wszystko dobrze się układa, a stają się bardzo trudne, jeśli mają jakieś problemy.

Piątki są bardzo ruchliwe i żywe, więc potrzebują intensywnego życia i emocji, co zostanie spełnione w sposób pozytywny lub negatywny. Takie przeznaczenie obiecuje życie pełne ciekawych zdarzeń, ale niezbyt spokojne i bezpieczne, życie obfitujące w konflikty i narażające na trudne sytuacje. Piątki powinny nauczyć się kontrolować swe reakcje, żeby błyszczeć tak, jak na to zasługują.

UCZUCIA I RELACJE OSOBOWE

Są sympatyczne, otwarte, spontaniczne; mało jest osób tak pełnych życia i tak pełnych zaraźliwego entuzjazmu. Zwykle mają wielu wielbicieli, choć czasem ich przyjaźnie są powierzchowne, ponieważ zbyt dużo czasu poświęcają na inne działania lub dlatego, że niechętnie angażują się emocjonalnie.

Mimo charakteru romantycznego, marzycielskiego i dużej siły przyciągania nie działają zbyt śmiało, ponieważ nie wierzą w swoją atrakcyjność, są nieśmiałe w stosunku do osób płci przeciwnej, co jest niezrozumiałe przy takiej popędliwości. Ich dar słowa znika, gdy chcą wyrazić uczucia, i to zakłóca ich intymne kontakty, budząc wątpliwości co do intensywności i głębokości ich uczucia.

Obdarzone wielką fantazją, a nawet marzyciel-skie, zwykły idealizować osoby i swe związki, czasem z tego powodu czują się oszukane w przyjaźni czy miłości.

Jeśli ich życie jest interesujące i pełne, ich żywotność i wesołość są zaraźliwe i nieodparte; z drugiej strony, jeśli są pod presją lub czują się zawiedzione czy sfrustrowane, ich szorstkość i porywczość staje się trudna do wytrzymania.

Pomimo zmiennego charakteru piątki są stałe w swych dążeniach i trwają przy swych wewnętrznych wymaganiach, nie ustępując przed niczym i nikim; zatem, uznając fakt, że wolność jest dla nich najważniejszą potrzebą, należy radzić im, by były bardziej uważne przy wyborze partnera.

Mogą uszczęśliwić drugą osobę, bowiem życie przy nich jest ciekawe i fascynujące, o ile będzie to ktoś, kto szuka interesującego życia i ucieka przed nudą, jak inne piątki oraz trójki.

Wrażliwe dwójki i szóstki pociąga nadzwyczajna osobowość piątki, chociaż często przeraża je jej gwałtowność, nie są więc w stanie tak żyć.

Mimo że piątkę intelektualnie i duchowo roz-winiętą pociąga powaga i głębokość siódemki, nie zniosłaby ona ustronnego i spokojnego życia, jakiego potrzebuje siódemka.

Piątki i ósemki, jednakowo witalne, pełne życia, podzielają siłę uczuć i w tym względzie są dobrane, ale będzie dochodziło między nimi do konfliktów w innych sferach życia. W takich wypadkach piątka powinna ustąpić, ponieważ ósemka nigdy tego nie zrobi.

Bardziej problematyczne są związki z jedynkami, czwórkami i dziewiątkami. Porozumieją się z jedynkami i dziewiątkami, bo dla tych wolność liczy się najbardziej, lecz piątka nie ulega, a jedynki i dziewiątki starają się zbytnio dominować. Z czwórkami z kolei uzupełniają się, ponieważ ich witalność ożywia lubiące rutynę czwórki, a zrównoważenie i powaga tych ostatnich odpowiadają lubiącym zmiany i śmiałym piątkom.

W każdym razie przy pewnej dozie tolerancji, dobrej woli i miłości mogą być szczęśliwe.

Wśród dzieci o tej wibracji istnieją dwa rodzaje o skrajnie odmiennych temperamentach.

Z jednej strony są to dzieci bardzo nieśmiałe, wstydliwe i bojaźliwe, które zmieniają się zupełnie, gdy dojrzewają, a są też takie jak wicher – nerwowe, niecierpliwe, władcze i porywcze, nie umieją panować nad swym temperamentem i są trudne do wychowania. Te jednak zazwyczaj są najspokojniejsze, gdy dorosną. Bardzo zdolne, a nawet błyskotliwe, muszą być wychowywane bardzo zręcznie, umiejętnie należy dawkować wobec nich dyscyplinę i swobodę, ponieważ zbyt twarda ręka i duży rygor spowodują przeciwny do zamierzonego skutek, wywołując bunt, konflikty rodzinne lub ucieczkę z domu.

Ponieważ piątki same nie dopuszczają, by je ktoś zdominował, starają się być liberalne i pobłażliwe jako rodzice, ale nie zawsze dzieci mogą przywyknąć do ich nieprzewidywalnego zachowania.

METAFIZYCZNE RACJE, BY WYBRAĆ 5 JAKO LICZBĘ URODZENIA

Osoby te wybrały taką liczbę urodzenia, gdyż ich Kosmicznym Obowiązkiem jest wykorzystywanie swojego własnego entuzjazmu i żywotności, by pokazać innym, że życie jest interesującym wyzwaniem, jeśli żyje się śmiało i pełnią życia, i że w tej grze nie ma zbyt wysokich stawek, a jedynie mierni gracze. Ich Osobistym Wyzwaniem jest walczyć ze swoim własnym temperamentem i nauczyć się żyć w pokoju z samym sobą i z innymi.

SŁAWNE OSOBISTOŚCI 5

Simón Bolívar – Lope de Vega – Julie Christie – Benjamin Franklin – Rocío Durcal – Abraham Lincoln – Helen Keller – Marlon Brando – Isaac Newton – Gloria Estefan – Vincent van Gogh – Johan Cruyff – Adolf Hitler – Rudolf Nureyev – Tina Turner – Malcolm X – Thomas Jefferson – Mick Jagger – Tennessee Williams – Marconi – Raffaella Carrà – William Faulkner – Christian Barnard – Karol Darwin – Jacinto Benavente.

INTERESUJĄCE SZCZEGÓŁY

PLANETA = Merkury – Uran
POKREWNY ZNAK ZODIAKU = Bliźnięta – Wodnik
KAMIEŃ = Akwamaryna i jaspis
METAL = Rtęć i żywe srebro
DZIEŃ = Środa
KWIAT = Mak polny
KOLORY = Pomarańczowy, żółty i ich warianty
SZCZĘŚLIWE LICZBY = 5, 7 i 2

PRZEPOWIEDNIE DLA LICZBY 5

OD WRZEŚNIA	DO WRZEŚNIA	ROK CYKLU
2008	2009	7
2009	2010	8
2010	2011	9
2011	2012	1
2012	2013	2
2013	2014	3
2014	2015	4
2015	2016	5
2016	2017	6

WIBRACJA DATY URODZENIA – LICZBA 6

Przykłady:

1.02.1911 = 1 + 2 + 1 + 9 + 1 + 1 = 15 = 1 + 5 = **6**

6.03.1923 = 6 + 3 + 1 + 9 + 2 + 3 = 24 = 2 + 4 = **6**

29.01.1929 = 2 + 9 + 1 + 1 + 9 + 2 + 9 = 33 = 3 + 3 = **6**

9.08.1978 = 9 + 8 + 1 + 9 + 7 + 8 = 42 = 4 + 2 = **6**

CHARAKTER LICZBY 6

Na nic odwaga i talent
bez przymiotów serca.
GOLDSMITH

Oto wibracja, którą cechuje miłość rodzinna, przy tym jest ona jedną z najrozsądniejszych, najbardziej zrównoważonych i ostrożnych. Szóstki są emocjonalne, wrażliwe, romantyczne i idealistyczne; zazwyczaj wywołują bardzo dobre wrażenie przez swą delikatność, dobroć i ciepło. Szóstki są tolerancyjne, opanowane i szlachetne, są osobami delikatnymi, czułymi i wrażliwymi, których głównym celem jest życie dla swych bliskich. Są też komunikatywne i partycypujące, przez co stwarzają zawsze atmosferę domową pełną spokoju, gdziekolwiek się znajdą. Jako osoby serdeczne i proste nawiązują bliskie więzi z tymi, którzy je otaczają, a reagują ostro jedynie wtedy, gdy dostrzegają zagrożenie bezpieczeństwa i szczęścia swych najbliższych.

Czasem jednak wibracja ta zaskakuje, odnajdujemy w niej bowiem dwa typy ludzkie o przeciwstawnych osobowościach. W większości są osobami ujmującymi swą czułością, szlachetnością i dobrocią; są pełne miłości, dają siebie rodzinie i innym, uczestnicząc chętnie we wszelkiego typu pracach humanitarnych. Jako istoty prostoduszne i dobrotliwe nie są w stanie dostrzec niegodziwości w postępowaniu innych czy zareagować złośliwie lub agresywnie; można więc polegać na nich, bo są prawe, uczciwe i stałe. Ich poczucie obowiązku jest tak silne, że gdy zapomną o swej odpowiedzialności, odczuwają wielkie wyrzuty sumienia. Natomiast niektóre szóstki posiadają zupełnie odmienne cechy takie, jak: intryganctwo, plotkarstwo i destrukcja. Ta dwoistość obejmuje również rolę społeczną, jaką one odgrywają.

Jako osoby inteligentne, bystre i czynne szóstki często osiągają wyżyny w hierarchii społecznej lub zawodowej; są przy tym rozważne i śmiałe, metodyczne i odpowiedzialne, a ich opinie są logiczne, racjonalne i zrównoważone; za to szóstki, w większym stopniu niż inne, są przywiązane do tego stopnia do tradycji i obowiązków rodzinnych, że niekiedy muszą rezygnować ze swych pragnień i aspiracji, by spełnić to, co uważają za swoją pierwszą powinność – opiekować się i dbać o osoby będące na ich utrzymaniu. Czasem szóstki, które są bierne (drugi typ, o którym była już mowa), próbują oszukiwać same siebie i choć się do tego nie przyznają, zasłaniają się tymi obowiązkami, żeby przesłonić swą indolencję i brak zdecydowania, ponieważ konflikty i walka o przetrwanie przytłaczają je, idą po linii najmniejszego oporu. Wygodne i pobłażliwe dla siebie, przedkładają swą własną przyjemność i wygodę nad konflikt, który narzuca dana społeczność. Wiele utalentowanych szóstek musiało być zmuszanych i popychanych, aby zabłysnąć zgodnie ze swymi talentami, ponieważ gdy już trzeba wybierać, skłaniają się ku życiu rodzinnemu, spokojnemu, a nie ku ryzyku i zmianom w codziennej rutynie.

Szóstki potrafią cierpieć w milczeniu, godzić się z losem, wytrzymać wiele i poświęcać się; mają wielkie i otwarte serca. Są godne szacunku, ostre, o surowych zasadach moralnych, a zarazem wrażliwe, nieśmiałe, ulegające wpływom i pobłażliwe dla siebie. Szlachetne i wspaniałomyślne, są przy tym prostoduszne, łatwowierne i dobrotliwe, inni często się nimi posługują i wykorzystują je, zwłaszcza w uczuciach. Są także ostrożne, zrównoważone i spokojne, swego szczęścia szukają w uczuciach, marząc o spokojnym życiu.

Szóstki, zarówno kobiety, jak i mężczyźni, są uczuciowe i wrażliwe, stąd reagują emocjonalnie (aż do łez), gdy je spotka coś niepokojącego lub wzruszającego.

CECHY NEGATYWNE

Jeśli idzie o negatywną stronę liczby sześć, to osoby o tej wibracji są fatalistami, hipochondrykami, pesymistami, zatruwają sobie życie zmyślonymi chorobami i nieistniejącymi problemami.

Są skrajnymi osobowościami, nie potrafią zatem opanować swych emocji, wpadają w obsesje i stają się nadwrażliwe. Uczucia są piętą achillesową tych osób, a problem rodzinny lub uczuciowy może wywołać u nich obsesję, a nawet zaślepienie.

Czasem niezaradność lub odpuszczanie sobie, kiedy indziej obawa przed stawianiem czoła lub walką o byt paraliżują je i nie pozwalają im zabłysnąć.

Miłość i pragnienie zapewnienia opieki najbliższym przytłaczają je, a kiedy dochodzą do skrajności, stają się zazdrosne, absorbujące i zaborcze, tłamszą innych i nie pozwalają im żyć po swojemu.

Niedyskretne, oszukańcze i lubiące machinacje mogą skrycie wpływać lub manipulować innymi.

Jeśli nie pokonają swej bierności, inercji, nadmiernego przejmowania się i wrażliwości i nie postarają się o to, by chłodno i obiektywnie spoglądać na problemy życia codziennego, mogą spowodować u siebie zaburzenia emocjonalne.

MOŻLIWOŚCI ZAWODOWE I FINANSOWE

Sześć to liczba umiaru, piękna i sztuki, zatem szóstki mogą odnosić sukcesy w zawodach związanych z tymi właśnie dziedzinami. Ich talenty są różnorodne, ale żeby coś osiągnąć, będą musiały walczyć z własną indolencją.

Osoby o tej wibracji już jako dzieci wykazują uzdolnienia artystyczne, ale potrzebują piękna wokół siebie, a nade wszystko bodźca i kontaktów z innymi ludźmi, aby dać z siebie wszystko co najlepsze.

Ponieważ liczbie tej do tego stopnia zależy na pomyślności rodziny i otoczenia, że te wewnętrzne wymogi warunkują jej życie, powinny nauczyć się cenić i rozdzielać wymienione motywacje. Jeśli potrafią przyznać właściwą wartość zarówno więzom rodzinnym, jak i sprawom zawodowym, na pewno odniosą sukces, bo mają talent i spełniają wszelkie wymogi. Jednakże to nie wszystkie trudności, które muszą pokonać. Upodobanie do wygodnego życia, będące ich cechą charakterystyczną, jest związane z tym, że w gruncie rzeczy kochają same siebie i sądzą, że wszystko im wolno, więc jeżeli w rodzinie, wśród przyjaciół albo też wykonując ulubione zajęcie, czują się dobrze, pozostałe rzeczy schodzą na drugi plan.

Jako osoby nieśmiałe, leniwe i często niezbyt pewne, nie znoszą trudnych spraw, nie chcą stawiać czoła problemom życia codziennego, zachowując się jak struś. Chowają głowę w piasek, żeby nie dowiedzieć się o trudnościach, a przecież odznaczają się bystrością, przenikliwością i dzielnością.

Mają obsesję na punkcie swych obowiązków i mogą równie dobrze pracować bez wytchnienia aż do wyczerpania, jak też odłożyć wszystko na później.

Ponieważ są bardzo wyczulone na sprawy ludzkie, powinny wybierać głównie zawody związane z pracą w opiece społecznej. Posiadają szczególne uzdolnienia do pracy jako medycy, w zawodach lekarza domowego, pediatry, ginekologa, geriatry i specjalisty od rehabilitacji. Ponadto sprawdzają się jako pielęgniarze, pomoc społeczna, psycholodzy i psychiatrzy.

Ze względu na swą łagodność i cierpliwość wyróżniają się w nauczaniu, a szczególnie w szkolnictwie specjalnym i zawodowym.

Dzięki talentowi artystycznemu, jednej z największych zalet szóstek, osiągają wielkie sukcesy, szczególnie w muzyce, tańcu, malarstwie, plastyce i w zawodzie aktorskim.

Zważywszy na ich wielki dar słowa i szczególny talent komunikowania się, mogłyby z powodzeniem działać w polityce, a jeśli do tego dodać głęboką wiarę i prawość, mogłyby wyróżniać się wśród duchownych, ponieważ umieją wzruszać i wpływać na słuchających dzięki swej elokwencji.

Swe poczucie piękna i estetyki mogą wykorzystać w zawodach związanych z projektowaniem, dekoracją wnętrz, modą czy w jubilerstwie.

Charakter domatora i wrodzone pragnienie sprawiania przyjemności, służenia i pomagania skłaniają je do wyboru zajęć związanych z potrzebami domu, rodziny i społeczności lokalnej.

Jako osoby drobiazgowe i dokładne są doskonałymi pracownikami, bowiem ich obowiązkowość obliguje je do starannego wypełniania powierzonych zadań. W pracy na rzecz innych opanowują prawie zawsze swoje wygodnictwo.

Jako przełożeni czy szefowie są wspaniałomyślne i sprawiedliwe, chociaż czasem zbyt surowe i dokładne. Wymagają doskonałości i potrafią być nieugięte.

Zrównoważenie i harmonia to dwie bardzo ważne cechy wyróżniające szóstki, czasem jednak trudno im zachować obiektywizm i bezstronność w kwestiach pieniężnych. Szóstki są rozważne, ostrożne i powściągliwe, pieniądze są dla nich bardzo ważne, inwestują na chłodno i zgodnie ze zdrowym rozsądkiem. Umiejętnie gospodarują swoimi pieniędzmi, nie szczędząc ich dla swych najbliższych; zrobią wszystko, żeby nigdy im niczego nie brakowało, ale na swoje wydatki już poskąpią pieniędzy; dbają wprawdzie o swój dobrobyt i wygodę, choć nie rozumieją, że potrzebne są im też jakieś drobne na codzienne wydatki.

Zarabianie pieniędzy nie jest dla nich problemem, o ile tylko wykorzystają swe niewątpliwe zdolności w rozlicznych dziedzinach; poza tym otrzymują czasem pomoc finansową w postaci stypendium, awansu czy spadku.

Przyszłość szóstek często zaskakuje, ponieważ może to być zarówno spokojne i szczęśliwe życie w atmosferze miłości i zrozumienia, jak i niepewny byt pełen wzlotów i upadków. W jeszcze innym wypadku przyszłość przynosi im obowiązki rodzinne, powodujące związanie danej osoby i niepozwalające jej żyć własnym życiem, realizować swych celów czy zmieniać profesji.

UCZUCIA I RELACJE OSOBOWE

Miłość jest dla tych osób najsilniejszym motorem działania. Są one poważne i głębokie, a kiedy się zakochują, to na zawsze i dążą do tego, by uszczęśliwić partnera. Szóstki są zapobiegliwe, opiekuńcze i odpowiedzialne, a więzy uczuciowe są dla nich święte, więc poświęcają swe życie, by ich bronić i dbać o nie. Są w stanie dać wiele miłości, ale same też chcą doświadczać miłości i opieki.

Jako osoby czułe, wrażliwe i romantyczne, całe życie podporządkowują miłości, a jeśli ta zawodzi, stają się bezbronne i przygnębione.

Są wierne, serdeczne, czarujące, nie mają problemów z zawieraniem znajomości. Ich dom jest zawsze otwarty dla wszystkich i chociaż to osoby proste i dyskretne, lubią chwalić się miłością, radością i harmonią, które w nich panują.

Ich zależność uczuciowa nie pozwala im na obiektywne spojrzenie ani na dopuszczenie możliwości, że istnieją granice opieki i kontroli, które mogą sprawować nad innymi.

Trudno im przychodzi zachowanie spokoju, gdy chcą wyrazić swą miłość, może ona nawet przytłaczać, krępując swobodę najbliższych, nie pozwalając im się bronić czy podejmować decyzji. Z drugiej strony ich przesadne spełnianie obowiązków rodzinnych zazwyczaj odwodzi ich od własnych zainteresowań i celów.

Zrealizują swe pragnienia i osiągną szczęście, jeśli partnerem będzie inna szóstka. Ponieważ obie są szlachetne, uczuciowe i zrównoważone, ich rodzina stanie się całym ich światem i oazą spokoju dla innych.

Dwójki są podobne do szóstek – równie łagodne i wrażliwe – mogą więc osiągnąć szczęście razem. Obie potrzebują spokojnego życia, bez problemów czy konfliktów.

Trójki i piątki natomiast potrzebują życia aktywnego, pełnego zdarzeń, często więc są gotowe zrobić wszystko, by uniknąć spokojnego życia, jakiego pragnie szóstka; zatem obie muszą ustąpić, by żyć szczęśliwie, z tym że trójki i piątki nie zniosłyby ciągłej kontroli.

Czwórki i szóstki uzupełniają się, bo obie są spokojne i zrównoważone, ale różnią się zdecydowanie w podejściu do miłości. Szóstka wymaga stałego oka-

zywania uczuć, a czwórka nie może tego dać, bo jest zbyt introwertyczna i odmawia ich uzewnętrzniania.

Jedynki i ósemki dominują w każdym związku i chociaż szóstka nie może wtedy okazać swej opiekuńczości, to jednak będzie jej dobrze w roli zdominowanej osoby; powinna jedynie powściągnąć swą nadwrażliwość, bo jedynki i ósemki nie są zbyt taktowne, a mogą okazać się zdecydowane i brutalne.

Między szóstką a siódemką i dziewiątką istnieje wiele różnic, stąd potrzeba miłości, wyrozumiałości i dobrej woli, aby mogły być razem. Mimo że obie są wspaniałomyślne, szóstka nie akceptuje ani nie rozumie cygańskiej i swobodnej natury dziewiątki, która ma zbyt wiele zainteresowań, a siódemka z kolei jest zbyt opanowana i zamknięta dla szóstki, tak wymownej i komunikatywnej.

Dzieci szóstki są łagodne, wrażliwe i uczuciowe. Ponieważ są prostolinijne i pozwalają sobą kierować, powinny być pod kontrolą, bo łatwo ulegają wpływom otoczenia i kolegów, jako że ślepo naśladują osobę, którą podziwiają lub kochają.

Życie rodziców – szóstek skupia się na rodzinie, ale powinny one być bardziej liberalne i otwarte w stosunku do swych dzieci, aby ich nie przytłaczać nadopiekuńczością.

METAFIZYCZNE RACJE, BY WYBRAĆ 6 JAKO LICZBĘ URODZENIA

Osoby te wybrały taką liczbę urodzenia, gdyż ich Kosmicznym Obowiązkiem jest podkreślanie znaczenia więzów i miłości rodzinnej. Pokazywanie, że podstawy pełnego równowagi i szczęścia życia znaleźć można w wielkoduszności i szacunku dla wartości etycznych i moralnych. Ich Osobistym Wyzwaniem jest nauczyć się być bardziej aktywnymi i walecznymi, nie odstępować od swoich zamierzeń, a także równoważyć emocje i uczucia.

SŁAWNE OSOBISTOŚCI 6

Infantka Elena de Borbón y Grecia – Książę Rainier z Monako – Björn Borg – Felipe González – Dale Carnegie – Aleksander Dumas – Galileusz – księżna Diana – Thomas A. Edison – Francisco de Goya – Joanna D'Arc – Carlos Castaneda – John Lennon – Elizabeth Kubler Ross – Andrés Segovia – Steven Spielberg – Stevie Wonder – Maria Antonina – Papież Paweł VI – Meryl Streep – Imanol Arias – Michael Jackson – Honoré de Balzac.

INTERESUJĄCE SZCZEGÓŁY

PLANETA = Wenus
POKREWNY ZNAK ZODIAKU = Byk – Waga
KAMIEŃ = Szmaragd, agat i opal
METAL = Miedź
DZIEŃ = Piątek
KWIAT = Magnolia
KOLORY = Zielony, turkusowy i błękitny
SZCZĘŚLIWE LICZBY = 6, 8 i 3

PRZEPOWIEDNIE DLA LICZBY 6

OD WRZEŚNIA	DO WRZEŚNIA	ROK CYKLU
2008	2009	8
2009	2010	9
2010	2011	1
2011	2012	2
2012	2013	3
2013	2014	4
2014	2015	5
2015	2016	6
2016	2017	7

WIBRACJA DATY URODZENIA – LICZBA 7

Przykłady:

$2.02.1902 = 2 + 2 + 1 + 9 + 0 + 2 = 16 = 1 + 6 = 7$

$3.06.1924 = 3 + 6 + 1 + 9 + 2 + 4 = 25 = 2 + 5 = 7$

$7.05.1966 = 7 + 5 + 1 + 9 + 6 + 6 = 34 = 3 + 4 = 7$

$27.09.1987 = 2 + 7 + 9 + 1 + 9 + 8 + 7 = 43 = 4 + 3 = 7$

CHARAKTER LICZBY 7

*Skupienie i medytacja wzmacniają ducha
i są jedyną drogą do iluminacji
i poznania wewnętrznego.*
MIRABEAU

Osoby o tej liczbie są najbardziej zamknięte, zagadkowe, dziwne i nieokreślone z całej skali numerologicznej. Przy tym niezwykle głębokie, spostrzegawcze i uduchowione przedkładają zawsze poszukiwanie, doskonalenie i poznawanie swego świata wewnętrznego nad osiągnięcia materialne.

Siódemki są osobami poważnymi, godnymi, formalnymi, o wielkiej ciekawości i zdolności obserwacji. Umysłowo to typ błyskotliwy, analityczny, dla którego ważne jest poznanie i prawda, a odrzucający fakty nie przeanalizowane i nie sprawdzone przez nich samych; przydaje to wielkiej wartości ich sądom i opiniom.

Czym jest numerologia?

Są obdarzone intuicją, natchnione, wsłuchujące się, a ich założenia filozoficzne prowadzą je do studiów, badań, dociekań.

Są nieśmiałe, zamknięte, introwertyczne, skromne, mają wielką godność osobistą, są dystyngowane i eleganckie, co promieniuje z ich uduchowionego i wrażliwego wnętrza; ono właśnie nie pozwala im uzewnętrzniać uczuć czy kłopotów. Jest to osobowość selektywna i dążąca do perfekcji, która cieszy się pięknem i doskonałością, odrzuca to co przeciętne, a nie znosi tego co trywialne lub banalne. Czy kobiety, czy mężczyźni, wykształceni czy nie, siódemki są uprzejme, wyrafinowane i bardzo miłe. Są to prawdziwi „rycerze w błyszczącej zbroi", romantyczni i idealistyczni, nie pasujący do swego otoczenia.

Kochają i wymagają spokoju i skupienia jako osoby poważne, głęboko myślące, nadzwyczaj dyskretne i rozważne. Jak nikt potrafią rozkoszować się samotnością, natomiast nadmiar pracy i zgiełk przytłacza je i dekoncentruje. Ich umysł stale działa, medytuje, rozważa, roztrząsa i często gubi się w rozmyślaniach metafizycznych i filozoficznych, co je oddala od innych ludzi, a nawet od rzeczywistości. Z tych powodów jest zrozumiałe, że niełatwo siódemce funkcjonować w dzisiejszym świecie oraz że siódemka jest liczbą najbardziej niezrozumianą w całej skali numerologicznej. Siódemki to osoby powściągliwe, rozważne, nie lubiące uzewnętrzniać temperamentu, starające się o to, by panować nad swymi emocjami lub przynajmniej stwarzać takie pozory przed ludźmi. Intuicyjnie czują, że aby móc działać w dzisiejszym świecie, muszą bronić swej delikatnej wrażliwości; w tym celu stroją się w udawaną dumę lub obojętność, nie żeby odsunąć od siebie innych ludzi, lecz jedynie dla obrony swych uczuć i swej intymności. Takie zachowanie bywa określane jako zarozumialstwo, wyniosłość lub chłód i budzi ono

urazy; to z kolei powoduje, że są one izolowane lub krytykowane i nie rozumieją przyczyny takiej sytuacji.

Siódemki mają naturę kontemplacyjną, intuicyjną, są natchnione, a mogą być nawet jasnowidzami; często wydają się oderwane od rzeczywistości, bo albo jest ona przykra i nieprzyjemna, albo dlatego, że zamykając się w sobie, mogą zagłębić się w tajemnice duszy i we własne powiązania z wszechświatem.

Ludzie o tej wibracji jako skrajni indywidualiści, niezależni i uparci, często pozostający w niezgodzie z opiniami innych ludzi, zdecydowanie bronią i aż do końca żyją swymi ideami i przekonaniami, a ponieważ w nich samych nie ma nic pospolitego ani zwykłego, to idee te są często kontrowersyjne i szczególne, co niekiedy skazuje ich na życie w samotności.

Obdarzone zdrowym rozsądkiem i refleksyjną naturą, są podziwiane za intelekt, wiedzę, klasę i godność osobistą. Zazwyczaj mają wielu znajomych, ale niewielu prawdziwych przyjaciół, bo są wybredne i wymagające. Reprezentują raczej typ mentalny i racjonalny niż emocjonalny – liczą się dla nich tylko inteligencja, logika i myślenie; czasem okazują niesamowicie chłodny umysł, który pozwala im bez obaw podejmować zdecydowane i radykalne decyzje.

CECHY NEGATYWNE

Siódemki mające cechy negatywne są nietowarzyskie, pesymistyczne, sarkastyczne, egoistyczne i nieufne. Zamykają się wówczas w nieistniejącym świecie, nie potrafiąc dostosować się do rzeczywistości i sięgając po różne środki w celu oszukania samych siebie. Chwytają się wtedy narkotyków, alkoholu, seksu dla obrony umysłu lub uczuć, sądząc, że w ten sposób uda im się stawić czoła rzeczywistości, która ich przygniata.

Posępne, melancholijne, zakompleksione, popadają okresowo w głębokie depresje, które mogą doprowadzić do nerwicy.

Są szalenie uparte, mają manie i obsesje, nie przyjmują rad ani sugestii, a *idée fixe* każdej z nich często odbiera spontaniczność i jasność myślenia.

Siódemki, którym nie udaje się zapanować lub utrzymać właściwego poziomu swych nadzwyczajnych zdolności intuicyjnych i percepcyjnych (czasem stają się mediami), mogą popaść w fanatyzm lub uwierzyć, że są istotami nawiedzonymi.

Chroniąc swoje uczucia i intymność, zamykają się, odcinają i jeśli nie nauczą się wyzwalać swych emocji, pozwalając, aby uczucia kierowały nimi, mogą stać się osobami twardymi, zimnymi i niedostępnymi.

MOŻLIWOŚCI ZAWODOWE I FINANSOWE

Opierając się na inteligencji i intuicji – swych silnych stronach, mogą osiągnąć wielkie sukcesy zawodowe.

Ponieważ wymagają wiele od siebie i dążą do perfekcji, pracę będą podejmowały z wielką odpowiedzialnością i staraniem o jak najlepsze wykonanie. Są bystrymi, doskonałymi obserwatorami, analizują starannie każdą sytuację, zanim zaczną działać, i tylko wtedy się ważą na coś, gdy są przekonane o końcowym sukcesie. Jednakże gdy przychodzi do wyboru kariery zawodowej, powinny pamiętać, by nie wybierać takiej, w której są ważne zdolności manualne, ponieważ takowych nie posiadają.

Dzięki swej inteligencji i oryginalności miewają dobre pomysły w interesach, ale to nie jest dla nich najodpowiedniejsza dziedzina, bowiem nie tylko brakuje im wyczucia handlowego i zmysłu praktycznego, ale też gromadzenie bogactw i osiąganie sukcesów nie

daje im szczęścia, albowiem zawsze wyżej cenią swój świat wewnętrzny i sprawy ducha.

Ich ogromna ciekawość i pragnienie wiedzy popychają je do ciągłego uczenia się i dociekania; więc z czasem zdobywają wielką kulturę, co pozwala im zabłysnąć zarówno w towarzystwie, jak i w pracy.

Jako osoby niezależne odrzucają to, co narzucone oraz wymagania nie oparte na logice czy rozsądku; zatem odpowiada im praca na własnym lub na stanowiskach o pewnej niezależności. Spółki wchodzą w grę tylko wtedy, gdy umowa o pracę pozostawia wolne pole do działania.

Mając tak wspaniałą intuicję i percepcję, dobrze rozumieją wszelkie motywacje ludzi, a ponieważ są godne i ludzkie, pozostaną szczęśliwe, gdy będą mogły poświęcić się takiemu zawodowi, w którym liczą się w równym stopniu ciało, umysł i duch.

Obdarzone doskonałą pamięcią i umiejętnością uczenia się, mogą zdobywać laury akademickie oraz brylować zawodowo w wielu dziedzinach, jak na przykład medycyna, humanistyka, chemia, fizyka, matematyka, nauki przyrodnicze oraz pomoc społeczna.

Ponieważ pociąga je bardzo temat dawnych kultur, zostają wybitnymi archeologami, kolekcjonerami, dyrektorami muzeów, antykwariuszami, tłumaczami starożytnych tekstów i języków itp.

Dziedzina badań naukowych i wynalazków bardzo odpowiada siódemkom, które posiadają przecież wybitny umysł, cechuje je pilność, ciekawość i zdolność obserwacji.

Są bardzo zainteresowane tym, co piękne i estetyczne, więc realizują się jako dobrzy i utalentowani projektanci, wielcy fryzjerzy, specjaliści od kosmetyków itd.

Osoby o tej liczbie szczególnie często poświęcają się okultyzmowi, być może dlatego, że pociąga je wszystko to, co nieznane, niezrozumiałe i tajemnicze.

Czym jest numerologia?

Od młodości interesuje je religia, filozofia i wiedza tajemna. Bardzo dużo czytają i sięgają po wszelkie źródła informacji, jakimi dysponuje nasza kultura. Osoby te nie tylko zgłębiają wiedzę, ale mając specjalne uzdolnienia, żeby się doskonalić, sięgają do praktyk tajemnych.

Wiele siódemek ma łatwość pisania, stąd mogłyby z powodzeniem uprawiać literaturę lub pracować w jakimkolwiek zawodzie związanym ze słowem pisanym.

W związku z tym, że bardzo je interesuje przyroda, a szczególnie morze, mogłyby zajmować się pracą związaną z wodą lub wsią, a także ze zwierzętami, do których czują silny pociąg i które kochają.

Są wrażliwe na sztukę we wszystkich jej przejawach, mają dar komunikowania się za jej pomocą, lecz powinny unikać burzliwego życia, jakie to pociąga za sobą, ponieważ te osoby, w większym stopniu niż inne, potrzebują życia w atmosferze spokoju i odosobnienia.

Już wcześniej była mowa o tym, że pieniądze nie są dla nich najważniejsze, ponieważ interesują je wartości głębsze, lecz nie znaczy to, że nie umieją tych pieniędzy zdobywać. Ta liczba prawie zawsze daje osiągnięcia zawodowe, a nawet sławę, a to oznacza pieniądze, jednak, pomimo wyszukanych gustów i upodobania sobie wygodnego życia, nie interesuje ich gromadzenie pieniędzy. Jedynymi luksusami, z których nie potrafią zrezygnować, są ich pasje, czyli podróże i lektura. Ponieważ nie są przywiązane do pieniędzy, a do tego nie mają zmysłu praktycznego, powinny zwrócić się do innych osób, aby gospodarowały ich finansami.

Jako pracownicy są staranne, odpowiedzialne, pracowite i godne zaufania, ale nie powinno się ich przytłaczać, wydając polecenia arbitralne bądź nieracjonalne, bo wtedy przestają być efektywne.

Jeśli są właścicielami lub przełożonymi, muszą być otoczone dobraną ekipą współpracowników funkcjonującą samodzielnie, ponieważ nie lubią narzucać swej woli ani dominować.

Przyszłością siódemek jest prestiż zawodowy i społeczny, posiadanie wpływowych przyjaciół oraz wiele wyjazdów zarówno krajowych, jak i zagranicznych. Samotność i depresje to cena, jaką często płacą za głębię i delikatność wnętrza.

UCZUCIA I RELACJE OSOBOWE

Nieśmiałość i wstydliwość, które nie pozwalają im na okazywanie uczuć, mogą oddziaływać bardzo negatywnie, oddalając je od ludzi, którymi się interesują lub oszukując ich co do głębokości uczucia. Są osobami intensywnie przeżywającymi, ale prawie nie okazują tego, ponieważ jako inwertycy nauczeni są ukrywać lub maskować swe uczucia.

Podziwia się ich wykształcenie, rozsądek i mądrość. Zmuszają do szacunku swoją powagą i pełną dostojeństwa postawą, ruchami, ale żaden z tych środków nie przysparza im sympatii ani nie zbliża ludzi do nich. Są marzycielskie, wrażliwe, uprzejme i romantyczne; smuci je mylne wrażenie, jakie wywierają, lecz duma, nieśmiałość i obawa przed niezrozumieniem lub zranieniem nie pozwalają im pokazać się takimi, jakimi rzeczywiście są.

Obserwują uważnie i analizują własne przeżycia, żyjąc w świecie marzeń, więc trudno im znaleźć partnera. Być może pod tą liczbą kryje się najwięcej osób samotnych. W wielu wypadkach bycie żonatym czy mężatką nie gwarantuje porozumienia z partnerem, ponieważ charakterystyczna jest dla nich wewnętrzna samotność, którą jest im trudno przezwyciężyć. Z wiekiem stają się coraz bardziej wymagające i coraz trudniej przychodzi im narażać swe uczucia.

Najlepszym partnerem jest inna siódemka, czująca i reagująca identycznie. Porozumienie jest możliwe także z czwórką, która jest poważna i również nieskora do uzewnętrzniania uczuć. To będzie związek bez wzlotów, ale za to spokojny i zadowalający.

Między siódemką i dziewiątką są wyraźne cechy je łączące. Obie są obdarzone wielką intuicją i inteligencją, chwytają wiele i są żądne wiedzy; będą zatem funkcjonować razem, jeśli siódemka wykorzysta gwałtowność i entuzjazm dziewiątki, a nie pozwoli się przytłumić, a także jeśli dziewiątka będzie się starała uspokoić i spuścić z tonu.

Dwójki i szóstki będą się starały zrozumieć i dogadzać siódemce, choć ta zazwyczaj nie reaguje na takie zachowania, nie może też bez przerwy pobudzać partnera czy obdarzać go czułością, której on potrzebuje.

Trójki i piątki, pełne siły witalnej, potrzebujące radości i działania, nie zniosłyby życia w odosobnieniu, spokojnego, jakiego potrzebuje siódemka.

Chociaż jedynki i ósemki są zbyt energiczne i dominujące dla siódemki, która szanuje jedynie siłę argumentów, to jednak ta czyni pewne ustępstwa, ponieważ pociąga je silna osobowość kogoś, kto bryluje.

Dzieci – siódemki są zbyt poważne i głębokie jak na swój wiek. Często ich reakcje i postawy są tak dojrzałe, rozsądne, czynione po namyśle, że zadziwiają dorosłych.

Są marzycielskie, o bogatej wyobraźni, często pogrążone w swym świecie wewnętrznym; niejednokrotnie już w młodym wieku ujawnia się w nich erudyta, filozof, a nawet jasnowidz.

Rodzice – siódemki powinni uczynić wysiłek i zniżyć się do poziomu dzieci – prostoty i niewinności, a nade wszystko powinni okazywać swoim dzieciom

więcej czułości i uczucia. Powinni także obniżyć próg swych wymagań, bo dziecku trudno osiągnąć doskonałość, o jaką chodzi rodzicom.

METAFIZYCZNE RACJE, BY WYBRAĆ 7 JAKO LICZBĘ URODZENIA

Osoby te wybrały taką liczbę urodzenia, gdyż ich Kosmicznym Obowiązkiem jest przedstawianie światu swojej duchowej i filozoficznej koncepcji życia, by – przekazując swoją własną mądrość – uzmysłowić istotom ludzkim ich kosmiczne powiązania, a ich Osobistym Wyzwaniem jest nauczyć się otwierać się oraz komunikować swoje myśli i emocje. Nauczyć się dzielić z innymi, by uniknąć odosobnienia i samotności.

SŁAWNE OSOBISTOŚCI 7

Zofia, królowa Hiszpanii – Baudelaire – Blasco Ibáñez – Joan Báez – Eric Clapton – Ludwig van Beethoven – Marilyn Monroe – John F. Kennedy – Fryderyk Chopin – Alicia de Larrocha – Ramón de la Cruz – George Bush – Piotr Curie – Margot Fontaine – Wolter – Jehudi Menuhin – Winston Churchill – Fiodor Dostojewski – Julia Roberts – Sai Baba – św. Katarzyna ze Sieny – Bo Derek – Paul Gauguin – Piotr Czajkowski – Zubin Mehta.

INTERESUJĄCE SZCZEGÓŁY

PLANETA = Księżyc – Neptun
POKREWNY ZNAK ZODIAKU = Ryby – Panna
KAMIEŃ = Ametyst
METAL = Cynk i cyna
DZIEŃ = Niedziela i poniedziałek
KWIAT = Orchidea
KOLORY = Niebieski, srebrny i kolory pastelowe
SZCZĘŚLIWE LICZBY = 7, 1 i 5

PRZEPOWIEDNIE DLA LICZBY 7

OD WRZEŚNIA	DO WRZEŚNIA	ROK CYKLU
2008	2009	9
2009	2010	1
2010	2011	2
2011	2012	3
2012	2013	4
2013	2014	5
2014	2015	6
2015	2016	7
2016	2017	8

WIBRACJA DATY URODZENIA – LICZBA 8

Przykłady:

$2.01.1904 = 2 + 1 + 1 + 9 + 0 + 4 = 17 = 1 + 7 = \mathbf{8}$

$5.04.1925 = 5 + 4 + 1 + 9 + 2 + 5 = 26 = 2 + 6 = \mathbf{8}$

$7.06.1966 = 7 + 6 + 1 + 9 + 6 + 6 = 35 = 3 + 5 = \mathbf{8}$

$8.09.1989 = 8 + 9 + 1 + 9 + 8 + 9 = 44 = 4 + 4 = \mathbf{8}$

CHARAKTER LICZBY 8

*Wytrwałość jest cnotą,
przez którą pozostałe cnoty wydają owoc.*
A. GRAF

Jest to liczba nadająca największą osobowość. Ósemki są energiczne, bojowe, ambitne, walczą śmiało o osiągnięcie założonych celów, nie pozwalając, by coś stanęło im na drodze i próbując wznieść się wyżej. Wiele jest takich ósemek, które urodziły się w bardzo ubogich rodzinach, a mimo to osiągnęły sukcesy i zaszczyty przyznawane triumfatorom. Dlatego ta wibracja jest połączona z triumfem i sławą.

Przysłowiowa ambicja ósemek nie wiąże się wyłącznie z pieniędzmi, jak wielu przypuszcza, ale przede wszystkim z pragnieniem postępu. Ósemka nie zadowala się pozycją, jaką zajmuje, jej głównym dążeniem jest pięcie się w górę. Zatrzymanie się oznacza dla niej cofanie. Jeszcze nie osiągnęła jednego celu, gdy myśli już o następnym.

Cechuje je gwałtowność, zdecydowanie i radykalizm, wielki zapał i oddanie temu, co robią oraz wpadanie z jednej skrajności w drugą. Nie znają nic pośredniego, wszystko według nich powinno być białe lub czarne, tak lub nie, wszystko lub nic, teraz lub nigdy. Ta szczególna cecha charakteru, która je wyróżnia spośród wszystkich pozostałych liczb, zmienia je w ludzi godnych zaufania, którzy zawsze zajmują jednoznaczne stanowisko. Są szczere i uczciwe; z nimi zawsze wiadomo, czego się trzymać, bo odpowiadają za swoje czyny. Ale ocierają się także o skrajności w swych impulsywnych reakcjach i postawach. Kiedy ósemka podąża za jakimś celem, wydaje się porywająca, śmiała, jej nie można się oprzeć, niekiedy jednak ogarnia ją paraliżujący strach, ponieważ jak już zostało powiedziane, nie zna stanów pośrednich. Bywa też niezdecydowana, wahająca się, niepewna, jakby nie była tą samą osobą; przechodzi prawdziwe męczarnie niezdecydowania, zanim zacznie działać, zaskakując tych, którzy znali ją tylko jako osobę aktywną.

Są praktyczne, konstruktywne, realistyczne, a także pewne, odpowiedzialne i energiczne, obdarzone wielką siłą moralną i fizyczną, która się ujawnia w ich zewnętrznym wyglądzie. Prawie zawsze wyglądają imponująco, godnie i majestatycznie, co wskazuje na posiadany autorytet, siłę przyciągania i wielki wpływ na innych.

Potrafią panować nad sobą całkowicie. Nigdy nie tracą nerwów, mogą wytrzymać więcej niż inni; kiedy jednak wyczerpie się ich cierpliwość i tolerancja, mogą zareagować z niesłychaną gwałtownością, nie licząc się z możliwością zniszczenia dorobku całego życia lub ważnej znajomości. Tym co pozwala im brylować w życiu, jest upór, odwaga, dyscyplina i skupienie; ich cele są praktyczne, realistyczne i konkretne, ponieważ wszystkimi ich działaniami kieruje zdrowy rozsądek, a one nie pozwalają sobie na iluzje lub naiwność.

Ósemki nie zwykły działać zuchwale, ponieważ są niezwykle honorowe i godne, co nie pozwala im na swobodne, nieskrępowane wypowiedzi. Są uczciwe i szczere, starają się być bezstronne i obiektywne w swych sądach, bo miłują prawdę i sprawiedliwość ponad wszystko.

Jako osoby odważne, ambitne i śmiałe, ósemki stawiają czoła trudnościom, które niesie życie, z odwagą prawdziwego gracza zdolnego postawić wszystko na jedną kartę, chociaż dla nich jest to ryzyko wkalkulowane w cenę, bo tylko wtedy się ważą na coś, gdy wszystko mają zaplanowane już wcześniej.

CECHY NEGATYWNE

Tak wielki temperament może się okazać wręcz niebezpieczny. Dlatego też ósemki powinny zająć się takimi wadami jak upór, nietolerancja, twardość, wielkie wymagania czy gwałtowność ponad miarę.

Niezwykle ambitne, bez skrupułów, materialistki, nie cofające się przed niczym, byle osiągnąć założone cele, mogą być przebiegłe, egoistyczne i nieufne, zaniedbując stronę duchową swej osobowości.

Są uparte i nieustępliwe, a kiedy upierają się przy swych ideach lub pomysłach, mogą stać się fanatykami.

Jeśli odpowiadają negatywnej stronie tej liczby, nie wybaczają obrazy czy zdrady. Są wyniosłe, aroganckie, czasem pamiętliwe, mściwe i okrutne.

Nieprzejednane i despotyczne, potrafią mocno uprzykrzyć życie osobom związanym z nimi, jeśli nie będą starały się równoważyć siły czułością, ambicji ostrożnością, nieprzejednania tolerancją, a płomiennej obrony sprawiedliwości łagodnością i przebaczeniem.

Są zbyt wymagające, ponieważ oczekują, że inni dadzą z siebie wszystko, podobnie jak one, a powinny przecież uznać, że to jest praktycznie niemożliwe; nikt nie może być taki zapalony i gwałtowny.

MOŻLIWOŚCI ZAWODOWE I FINANSOWE

Ósemki posiadają szereg zalet, dzięki którym osiągają szczyty w swoim zawodzie. Są nadzwyczaj śmiałe i pracowite, cechuje je niesamowity upór i wielka zdolność koncentracji, które pomagają im skupić się na osiągnięciu swych celów.

Sukces, pieniądze i pozycja społeczna są u tych osób w wielkiej cenie, a marzenia i wielkie ambicje zajmują ich myśli i są motorem popychającym do działania.

Ósemki są zręczne, sprytne i bystre, mają specjalne uzdolnienia do konstruowania, organizowania i uruchamiania każdego przedsięwzięcia czy firmy.

Są uparte i niezmordowane w pracy, lubią porządek i dyscyplinę, wymagają bardzo wiele od siebie i od innych, mają przy tym poparcie swych współpracowników, ponieważ podziwia się je i szanuje za to, że są prawdziwymi „przywódcami", urodzonymi po to, by kierować i by ich słuchano.

Ósemki, na ogół zrównoważone, ostrożne i rozsądne, bywają też zimne, kalkulujące, czasem ryzykują, ale tylko wtedy, gdy uprzednio przeanalizują wszystkie aspekty danego projektu i upewnią się, że będą w stanie doprowadzić go do szczęśliwego końca.

Podobnie jak czwórki, ósemki są w skali numerologicznej niczym św. Tomasz, to znaczy bardzo praktyczne i realistyczne, nigdy nie dominuje u nich fantazja czy wyobraźnia; raczej są podejrzliwe i nieufne, nie wierzą słowom ani faktom, o których by się nie przekonały same.

Są obdarzone inteligencją, uporem, cierpliwością i ambicją, co pozwala im kończyć z powodzeniem różne studia; w sposób szczególny brylują jako adwokaci, sędziowie, kierownicy, finansiści, politycy, doradcy czy dyrektorzy przedsiębiorstw.

Wiele ósemek wybiera też karierę wojskową, ponieważ pociąga je życie, w którym panuje porządek i dyscyplina, szacunek i honor właściwe dla tego środowiska zawodowego.

Również sport jest dla nich atrakcyjny i osiągają sukcesy w różnych dyscyplinach, szczególnie w tych, w których potrzebne są opanowanie, odwaga i zimna krew, np. jako toreadorzy, treserzy zwierząt, lotnicy, motorowodniacy, motocykliści, kierowcy wyścigowi itd. Aby triumfować, zdolne są ryzykować życie, bo ósemki wygrywają we wszystkim, w czym uczestniczą.

Mówi się o nich, że „śmierdzą pieniędzmi", czyli mają specjalny dar do wykonywania wszelkich zawodów w bankowości, przemyśle i handlu; mogą nawet ożywić bankrutującą firmę i doprowadzić ją do sukcesu.

Wielu z nich ma talent „złotej rączki" do obsługiwania i naprawiania wszelkiego typu maszyn, a także do profesji rzeźbiarza, chirurga i technika sprzętu „wysokiej" technologii.

Ponieważ pociąga je ryzyko i tajemnica, a mają przy tym umysły wybitnie analityczne, logiczne i dedukujące, są świetnymi detektywami, policjantami, agentami i badaczami naukowymi.

Jako pracownicy wyróżniają się nadzwyczajną wydajnością, aktywnością i odpowiedzialnością. Mogą więc tworzyć sobie wrogów, skoro od razu się wyróżniają i są popierani przez przełożonych.

Jako szefowie bądź właściciele starają się być w stosunku do swych pracowników sprawiedliwe, rozsądne i rzetelne, nie są jednak zbyt lubiane z powodu braku taktu i dużych wymagań.

Ósemki mają szczególne uzdolnienia w finansach. Intuicyjnie wiedzą, gdzie, jak i ile należy zainwestować. Korzystają z wygód, jakie daje dobra sytuacja finansowa, umieją gospodarować tak, by osiągnąć maksymalny zysk, nigdy nie wydając wszystkiego, co posiadają lub zarabiają, bo niepokoi je myśl, że mogą znaleźć się w trudnym położeniu, jeśli będą bez pieniędzy. Chociaż prawdą jest, że zdobywanie pieniędzy przychodzi im łatwiej niż innym, to jednak wielkie fortuny, jakie mogą zgromadzić ósemki, biorą się nie tylko z tego powodu, ale głównie dzięki trafnym decyzjom, wytrwałości, bystrości i nadzwyczajnej pracowitości. Są one zdolne do olbrzymiego wysiłku i poświęcenia, by dojść na szczyty, nie może więc dziwić, że osiągają to, co zaplanują.

Sukces, pieniądze i sława to część tego, co oferuje przeznaczenie ambitnym ósemkom, pragnącym zdobyć wszystko. Nie będzie dla nich problemem uzyskanie tego, lecz utrzymanie, ponieważ z powodu przerostu ambicji lub talentu mogą wszystko utracić. Los może przynieść też separację, zerwanie lub kryzys moralny.

UCZUCIA I RELACJE OSOBOWE

Jako osoby nadzwyczaj mocne, równie silnie przeżywają. Za przyjaciela lub kogoś kochanego są w stanie oddać wszystko i można na nie liczyć w chwilach dobrych i złych. Jeśli mają przyjaciela, to na całe życie, jednak tak jak dowodzą, że są dobrymi i wiernymi przyjaciółmi, tak też okazują się niebezpiecznymi wrogami. Nigdy nie zapominają obrazy i wytrwale oczekują, aż zatriumfuje sprawiedliwość.

W miłości są również prawe i szczere, choć tu trzeba sprecyzować pewne rzeczy. Są bardzo atrakcyjne dla płci przeciwnej, mają taką siłę przyciągania, że trudno się oprzeć ich czarowi, a ponieważ ich szanse są większe niż innych, na krótko dają się zafascynować.  Namiętne i zmysłowe, budzą wielkie uczucia, a osoby, które ich kochają, powinny nauczyć się żyć z tymi cechami, bo ósemka nie jest w stanie się zmienić. Bierze się ją taką, jaka jest.

Zazwyczaj ich życie zawodowe jest bardzo intensywne i dają mu pierwszeństwo, ale nie dlatego, że znaczy ono więcej niż najbliższe osoby, tylko dlatego, że tu też nie znają czegoś pośredniego i nie potrafią dzielić swej uwagi; albo praca, albo uczucia, co nie oznacza braku miłości, jak czasem może sądzić partner.

Wymagają całkowitego oddania i uległości, ponieważ w miłości i przyjaźni są pochłaniające, władcze i dość często zazdrosne – choć nie chcą się do tego przyznać. Zazwyczaj uważa się, że są zbyt wymagające, ale trzeba przyznać, że chcą tylko tyle, ile same dają; powinny jednak zrozumieć, że dorównanie im jest dla innych bardzo trudne, a nawet niemożliwe.

Dwójki i szóstki odczuwają nieodparty pociąg do ósemek ze względu na silną osobowość tych ostatnich; nie jest ważne dla dwójek i szóstek, że będą musiały żyć w cieniu, ustępować, a od siebie dawać miłość i równowagę.

Mimo że czwórki, siódemki i dziewiątki nie są zbyt wylewne i nie okazują swych uczuć, ich związek z ósemką może być zadowalający, choć oparty na powadze i pewnej rezerwie.

Trójki i piątki mają odmienny temperament i zainteresowania, ale mogą się z ósemkami szczęśliwie

uzupełniać, wnosząc radość do ich życia... dopóki nie dojdzie do konfliktu.

Mniejsze są szanse porozumienia dwóch ósemek lub ósemki z jedynką. Chociaż w niektórych wypadkach ósemki mogą stworzyć harmonijny związek i rozumieć się, to jednak często dochodzi między nimi do frontalnego starcia; podobnie rzecz się ma ze związkiem ósemki i jedynki.

Dzieci – ósemki, poważne, zdecydowane, energiczne i żywe, zdradzają silną osobowość już od wczesnego dzieciństwa. Od małego wiedzą, czego chcą i dążą do tego bardzo uparcie. Powinny być wychowywane stanowczo, ale z taktem, bo inaczej zbuntują się. Podobnie jak w wypadku dorosłych, wśród dzieci są dwa typy osobowości: grzeczne, zdyscyplinowane, powściągliwe oraz niesubordynowane, agresywne i kłótliwe.

Rodzice – ósemki powinni właściwie łączyć dyscyplinę z czułością, bo czasem są zbyt władczy i wymagający, choć zawsze starają się być sprawiedliwi. Wpajają swoim dzieciom podstawowe cnoty, do których sami są przywiązani, to jest uczciwość, sprawiedliwość i szczerość.

METAFIZYCZNE RACJE, BY WYBRAĆ 8 JAKO LICZBĘ URODZENIA

Osoby te wybrały taką liczbę urodzenia, gdyż ich Kosmicznym Obowiązkiem jest uczenie na własnym przykładzie panowania nad światem materialnym. Powinny pokazywać, że upór, praca i dyscyplina pozwalają osiągnąć każdy cel i urzeczywistnić najbardziej nawet ambitne marzenia, a ich Osobistym Wyzwaniem jest nauczyć się być bardziej elastycznymi i tolerancyjnymi i osiągnąć równowagę między swoją materialną i duchową stroną.

SŁAWNE OSOBISTOŚCI 8

Nelson Mandela – Santiago Carrillo – Barbra Streisand
– Ivan Lendl – Henry Ford – Jean P. Marat – Franz Liszt
– Neil Armstrong – Bob Marley – Rocky Marciano
– Michał Anioł – Elizabeth Taylor – Jonas Salk – George
Bernard Shaw – Pancho Villa – Pablo Picasso – Grace
Kelly – Graham A. Bell – Katarzyna Wielka – Rembrandt
– Krishnamurti – Gerald Ford – Papież Jan Paweł II –
Edgar Cayce – Aretha Franklin – Richard Gere.

INTERESUJĄCE SZCZEGÓŁY

PLANETA = Mars – Saturn
POKREWNY ZNAK ZODIAKU = Skorpion –
– Koziorożec
KAMIEŃ = Topaz, rubin i szafir
METAL = Żelazo i ołów
DZIEŃ = Wtorek
KWIAT = Goździk i tulipan
KOLORY = Czerwony i czarny
SZCZĘŚLIWE LICZBY = 8, 1 i 6

PRZEPOWIEDNIE DLA LICZBY 8

OD WRZEŚNIA	DO WRZEŚNIA	ROK CYKLU
2008	2009	1
2009	2010	2
2010	2011	3
2011	2012	4
2012	2013	5
2013	2014	6
2014	2015	7
2015	2016	8
2016	2017	9

WIBRACJA DATY URODZENIA – LICZBA

9

Przykłady:

$3.02.1912 = 3 + 2 + 1 + 9 + 1 + 2 = 18 = 1 + 8 = \mathbf{9}$

$6.08.1921 = 6 + 8 + 1 + 9 + 2 + 1 = 27 = 2 + 7 = \mathbf{9}$

$9.05.1948 = 9 + 5 + 1 + 9 + 4 + 8 = 36 = 3 + 6 = \mathbf{9}$

$9.09.\ 1989 = 9 + 9 + 1 + 9 + 8 + 9 = 45 = 4 + 5 = \mathbf{9}$

CHARAKTER LICZBY 9

*Miarą wielkości serca
jest szlachetność
i wielkoduszność,
tak jak miarą katedry
jest wysokość jej dzwonnicy.*
RICARDO LEON

Osoby urodzone pod tą liczbą cechuje rozwinięta sfera duchowa i wrażliwa psychika, co pozwala im na utrzymywanie kontaktu z Kosmosem, z którego czerpią natchnienie.

Są one obdarzone nadzwyczajną intuicją i percepcją oraz niezwykłymi zdolnościami telepatycznymi, które pozwalają im zrozumieć motywacje innych ludzi, ponieważ łatwo przenikają do ich wnętrza. Często wyczuwają intuicyjnie to, co nastąpi, bowiem ich zdolności paranormalne są takie, że mogą być nawet mediami.

Czym jest numerologia?

Uważa się, że dziewiątka to liczba miłości powszechnej, w związku z tym dziewiątki wyróżniają się bezinteresownym oddaniem rozwiązywaniu problemów ludzkich. Są altruistyczne, ofiarne, szlachetne, nigdy nie pozostają obojętne na ból i nędzę, reagują tak jak nikt na potrzeby innych ludzi. Są szczególnymi istotami, których wpływ zawsze jest korzystny, ponieważ inspirują, zachęcają, skłaniają, a nade wszystko dzielą się mądrością i miłością z tymi, z którymi wchodzą w kontakt.

Jeden z najbardziej godnych podkreślenia rysów stanowi wielka potrzeba wolności i niezależności. Dziewiątka nie godzi się na żadną formę ucisku czy dominacji i walczy o wolność fizyczną, umysłową i duchową. W głębi każdej z nich tkwi bunt, który pojawia się w momencie zniewalania fizycznego lub emocjonalnego.

Swobodne, podobne do Cyganów, są dziwne, często ekstrawaganckie, wolne od uprzedzeń, mają swoisty kodeks życiowy przekraczający normy obowiązujące innych, chociaż pozostający w ramach surowej moralności. Nie jest to moralność, którą kieruje się społeczeństwo, lecz taka, którą same sobie narzucają i po swojemu ją rozumieją.

Ta wibracja nadaje zdolności w postaci intelektu i intuicji, zatem dziewiątki są bystre i błyskotliwe, a ich riposty są natychmiastowe. Jednym rzutem oka oceniają sytuację bez potrzeby zagłębiania się w nią, bo widzą jednocześnie problem i jego rozwiązanie. Zwykle denerwuje to te osoby z ich otoczenia, które nie dostrzegają wszystkiego tak szybko.

Dziewiątki oczywiście są często władcze i despotyczne, ale kiedy mieszają się do czyichś spraw, robią to, bo sądzą, że wiedzą, co jest dla tamtych osób lepsze i czynią to w najlepszej wierze. Jednakże osoby, o które chodzi, zwykły reagować negatywnie. Najpierw wyda-

je im się, że są manipulowane, a kiedy już dochodzi do tego, na co nie chciały się zgodzić, są zmartwione i rozdrażnione.

Sympatyczne i serdeczne, wobec ludzi wydają się otwarte i komunikatywne, ale w gruncie rzeczy to osoby samotne, o wielkiej głębi ducha. Często zdają się być oderwane od rzeczywistości, a zanurzone w swoim świecie wewnętrznym. I to właśnie podczas tego pozornego rozdwojenia otrzymują natchnienie ujawniające ich zdolności paranormalne.

Spoglądające w siebie, poważne i głęboko myślące mają wielkie rezerwy siły ducha, które pozwalają im podnieść się po ciosach zadawanych przez los.

Jako osoby nadzwyczaj szczere i uczciwe, nigdy nie ustępują, gdy chodzi o obronę zasad, sprawiedliwości czy prawdy. Mówią to, co czują i co myślą, choćby miało im to przynieść szkodę, nie bojąc się nawet zajęcia pozycji bardzo kontrowersyjnej.

Są gwałtowne i przystępują z zapałem i entuzjazmem do tego, co robią. Uważają, że życie co krok stawia przed nimi jakieś wyzwanie, a one, odważne i śmiałe, nigdy się przed nim nie cofają.

CECHY NEGATYWNE

Jeśli dominuje strona negatywna, ich zachowanie jest zupełnie przeciwne do tego, co dla tej wibracji typowe.

Są wtedy egoistami, egocentrykami, obrażają się o byle co, bardzo zważają na to, w jaki sposób ktoś się do nich odnosi. Stają się aroganckie, ponosi je temperament, wydają się znajdować upodobanie w starciach, zapalają się łatwo i mogą zachować się bardzo agresywnie, a nawet gwałtownie. Zwykły wymagać zbyt wiele od innych, nie wybaczając im potknięć, ale sobie tak. Zapominają, że urodziły się pod wpływem wibracji służebnej, która nakazuje, aby dały z siebie wszystko co najlepsze, chroniąc i pomagając innym. Ponieważ jest to zobowiązanie zawarte w podświadomości, nie słuchają głosu wewnętrznego przypominającego o tym, żyją w stanie niepokoju i ciągłej frustracji. Zgorzkniałe i żywiące pretensje, nie dopuszczają myśli, że to one są odpowiedzialne za swe nieszczęście, i obwiniają o to innych lub też los.

Są kapryśne, konfliktowe i egzaltowane, nie potrafią zachować równowagi, przesadzają ponad wszelką miarę, ponieważ mają we krwi skłonności melodramatyczne. Zwykły mocno krytykować, a ich ostry język może być okrutny i niszczący.

MOŻLIWOŚCI ZAWODOWE I FINANSOWE

Aktywne, inteligentne, z wyobraźnią, dziewiątki szybko rozumieją i znajdują rozwiązanie swoich problemów, korzystając z obfitych środków, którymi dysponują.

Często osiągają sukcesy w swoim zawodzie, ponieważ są energiczne, skuteczne i perfekcyjne, a jeśli lubią swą pracę lub wierzą w jej sens, oddają się jej z zapałem, wykazując wielkie zdolności.

Ich bystry, przenikliwy i oryginalny umysł daje im różne uzdolnienia, a ponieważ na ogół wywierają bardzo dobre wrażenie, odnoszą znaczące sukcesy w zawodach, które wymagają kontaktu z odbiorcami.

Mają nadzwyczajną zdolność adaptacji, więc wybierając różne zawody, mogą zabłysnąć w każdym z nich; jednakże aby mogły się zrealizować i zaznać szczęścia, powinny wybrać taki, który zaspokajałby ich wewnętrzną potrzebę służenia ludziom. Gdyby się tak nie stało, niech poświęcą część wolnego czasu na jakąkolwiek działalność, która byłaby nastawiona na pomoc innym ludziom w ich potrzebach i problemach.

Są szlachetne, ofiarne i bezinteresowne, natychmiast reagują na ludzkie cierpienie; stąd wiele osób o tej wibracji stoi na czele instytucji lub ruchów humanitarnych i ekologicznych.

Dlatego też najlepszym wyborem dla nich jest zawód związany z opieką społeczną, np. lekarz, szczególnie psycholog i psychiatra, chirurg, pediatra, pracownik pomocy społecznej, pielęgniarz czy pracownik domu spokojnej starości lub szpitala.

Dziewiątki, które nade wszystko pragną się rozwijać duchowo, często zajmują się filozofią i religią jako teolodzy, kapłani, misjonarze, kaznodzieje, doradcy i przewodnicy duchowi.

Oświata daje im szansę wykorzystania jednej z głównych aspiracji: orientować, przewodzić i bronić młodzieży. Dziewiątka jako nauczyciel stosuje rewolucyjne metody nauczania i rehabilitacji, i stara się być przede wszystkim przyjacielem i doradcą dla swych uczniów.

Dzięki nadzwyczajnym zdolnościom w postaci wielkiej intuicji i jasnowidzenia, liczba ta obfituje w media, jasnowidzów, osoby zajmujące się okultyzmem, parapsychologią, medycyną i terapiami alternatywnymi.

Wiele dziewiątek o dużych uzdolnieniach w tym kierunku wzbogaciło świat artystyczny i świat sztuki. Odnoszą one sukcesy w różnych dziedzinach artystycznych, szczególnie w teatrze, kinie i pantomimie. Dziewiątka to urodzony aktor, który jeśli nie pracuje zawodowo na scenie, tworzy widowisko teatralne w życiu codziennym... gestykuluje, przesadza, upiększa i koloryzuje wszystko, co robi.

Jako ludzie błyskotliwi intelektualnie, o wielkim darze słowa, tworzą rzeczy natchnione, pełne poezji, robiąc kariery w literaturze, dziennikarstwie i polityce.

Czym jest numerologia?

Mogą być doskonałymi sędziami, adwokatami (szczególnie w sądach pracy) i obrońcami sprawiedliwości. Faktycznie, nie mając często wykształcenia, występują jako „obrońcy spraw przegranych", ponieważ nie kontrolują odruchów i stają w obronie każdego wykorzystywanego lub niesprawiedliwie potraktowanego.

Mogą też z powodzeniem zajmować się kontaktami publicznymi, reklamą, handlem, hotelarstwem i inną pracą, w której można wykorzystać wzbudzaną sympatię, żywość i wielką zdolność komunikowania się.

Wiele dziewiątek jest szczęśliwych, mogąc pracować jako rolnicy, hodowcy zwierząt, leśnicy itd., bo do dobrego fizycznego i psychicznego samopoczucia potrzebują stałego kontaktu z przyrodą.

Jako pracownicy są wydajni, odpowiedzialni i pracowici. Dzięki swym zasługom szybko awansują, ale muszą mieć pracę urozmaiconą i wolną, bo marnują się w zamkniętej przestrzeni lub rutynowych zajęciach.

Jako szefowie lub właściciele są bardzo wymagający, ale sprawiedliwi i broniący pracowników. Nie lubią kontrolować kogoś, dlatego wolą pracowników świadomych i odpowiedzialnych, których nie trzeba doglądać.

Dobra materialne nie obchodzą ani nie motywują dziewiątek. Ich gusty są proste, dążą jedynie do życia skromnego i wolnego. Kiedy dysponują pieniędzmi, korzystają z nich, wydając je na osoby, które kochają lub na pomoc tym, którzy jej potrzebują. I choć pieniądze przychodzą im łatwo, prawie zawsze trudno im ich nie roztrwonić. Zazwyczaj o swoich pieniądzach rozmawiać nie lubią, lecz nie dotyczy to pieniędzy innych ludzi. Mogą pożyczać pieniądze, jeśli je mają, i nie zwykli dopominać się o ich zwrot, lub też mogą zaciągnąć długi, aby rozwiązać czyjeś problemy.

Ich los prawie zawsze jest związany ze służbą na rzecz innych i dziewiątki nie powinny się od tego uchylać. Ich życie jest pełne, intensywne i urozmaicone ze względu na pracę, otoczenie bądź przyjaciół. Wiele dziewiątek ma życie trudne, w którym muszą stawiać czoło bolesnym problemom osobistym, ale posiadają dar przekształcania konfliktów wewnętrznych w większe zrozumienie i poświęcenie dla innych osób.

UCZUCIA I RELACJE OSOBOWE

Ludzie z tą wibracją są idealistami i marzycielami, nie lubią zajmować się sprawami materialnymi, oddają się życiu uczuciowemu z wielką pasją, podobnie jak wszystkiemu, co robią.

Pomimo popularności i podziwu dla nich, ich przyjaźnie są najczęściej powierzchowne i prawie nigdy nie poświęcają się im całkowicie, być może z powodu nadmiernej potrzeby wolności. Są godni i dyskretni, utrzymują swe życie uczuciowe i intymne z dala od spojrzeń ludzkich i zwykle wyglądają na nieprzystępnych, co utrudnia kontakt.

Chociaż w sumie są ludzcy, wyrozumiali i szlachetni, bywają zbyt surowi w odniesieniu do ludzi, których kochają, i to naraża na szwank ich znajomości.

Ponieważ są romantykami, wydaje im się, że są zakochani wiele razy, ale na ogół trudno im znaleźć partnera, bo są wymagający, a poświęcenie dla innych pochłania ich całkowicie.

Są uczciwi i lojalni, miewają potknięcia w życiu, bo chociaż z reguły nie są naiwni, to bywają naiwni w miłości i mogą doznawać zawodów z powodu zwierzania się osobom, które na to nie zasługują, lub z powodu przesadnych, pełnych agresji reakcji emocjonalnych.

Muszą uważać przy doborze partnera, który powinien być osobą wyrozumiałą i liberalną, tak aby przy nim czuli się wolni, nieskrępowani i żeby partner nie był urażony z powodu ich oddania bliźnim.

Najlepszym partnerem jest inna dziewiątka lub siódemka, dlatego że mają podobne zainteresowania. Są obdarzeni wielką intuicją i duchowością, najważniejsze dla nich są sprawy wnętrza; rozumieją się i popierają wzajemnie, bo oboje są szczególni i nietypowi. Siódemka powinna przyzwyczaić się do temperamentu i żywego charakteru dziewiątki, a ta z kolei powinna nauczyć się milczeć.

Dla dziewiątki dobra jest czwórka, ponieważ ją równoważy i uspokaja, otrzymując w zamian żywy charakter i entuzjazm.

Dwójki, które rozumieją się ze wszystkimi, są zbyt wrażliwe i słodkie jak na brutalną ze strony dziewiątki szczerość i brak taktu. Chociaż istnieje między nimi podobieństwo: dobroć i bezinteresowność.

Z trójkami będą mieli życie wesołe i przyjemne, ale niepoukładane i nie stawiające sobie wyższych celów.

Dziewiątka ma plany i obowiązki, które oddalają ją od domu, a tego nie rozumie i nie akceptuje domatorka szóstka; chociaż oboje łączy szlachetność i humanitaryzm, dziewiątka nie znosi przytłaczającej dominacji szóstki.

Ósemki i dziewiątki rozumieją się tylko w tym, że oboje są żywe, prawe i uczciwe, ale ich motywacje są różne. Ósemka jest praktyczna i materialistyczna, co kłóci się z właściwym dla dziewiątki oddaniem ludziom.

Związek dziewiątki z jedynką będzie problematyczny i nieszczęśliwy, jeśli oboje nie powściągną swej chęci dominacji, żywego charakteru i ostrego języka.

Piątka rozumie i podziela niezależność i wolność dziewiątki, ponieważ jednak oboje łatwo się irytują, ich związek może być trudny i burzliwy, chociaż bardzo żywy.

Dzieci o tej liczbie są poważne, odpowiedzialne, chcą być potrzebne. Mają intuicję, wyobraźnię, są marzycielskie, często żyją w świecie fantazji. Od małego dają to, co posiadają, stają też w obronie dzieci słabszych lub mniejszych. Potrzebują specyficznej dyscypliny, żeby nauczyć się panowania nad swym charakterem; nie może to być jednak dyscyplina arbitralna czy przytłaczająca, bo wywołałaby ona bunt, który w nich tkwi od urodzenia.

Rodzice – dziewiątki wpajają właściwe zasady moralne, rozumieją swoje dzieci, bo są, podobnie jak one, prości i niewinni. Wymagają posłuszeństwa i szacunku, ale starają się nie ograniczać swobody swych dzieci.

METAFIZYCZNE RACJE, BY WYBRAĆ 9 JAKO LICZBĘ URODZENIA

Osoby te wybrały taką liczbę urodzenia, gdyż ich Kosmicznym Obowiązkiem jest uczenie na własnym przykładzie akceptowania i wypełniania obowiązku służenia innym i humanitarnej miłości, a zwłaszcza podkreślanie znaczenia cnót moralnych i duchowych, które czynią nas szczególnymi Istotami Światła. Ich Osobistym Wyzwaniem jest złagodzić i zrównoważyć zapalczywą i pełną temperamentu osobowość, by nie zmarnować swojej ewolucji ani kosmicznej więzi.

SŁAWNE OSOBISTOŚCI 9

Juan Carlos, król Hiszpanii – Garri Kasparow – Alfons XIII – Shirley McLaine – Mahatma Gandhi – Carl Gustaw Jung – Papież Jan XXIII – Cole Porter – Gerardo Iglesias – Brigitte Bardot – Richard Strauss – Mikołaj Kopernik – Al Capone – Francis Bacon – John Milton – Ana Obregón – Tom Jones – Friedrich Haendel – Albert Schweitzer – Yoko Ono – Henri Toulouse-Lautrec – Cher – Ernest Hemingway – Charles Lindbergh – Elvis Presley – Virginia Wolf.

INTERESUJĄCE SZCZEGÓŁY

PLANETA = Jowisz – Uran
POKREWNY ZNAK ZODIAKU = Baran – Strzelec
KAMIEŃ = Diament i topaz
METAL = Żelazo
DZIEŃ = Wtorek
KWIAT = Bratek
KOLORY = Czerwony
SZCZĘŚLIWE LICZBY = 9, 4 i 7

PRZEPOWIEDNIE DLA LICZBY 9

OD WRZEŚNIA	DO WRZEŚNIA	ROK CYKLU
2008	2009	2
2009	2010	3
2010	2011	4
2011	2012	5
2012	2013	6
2013	2014	7
2014	2015	8
2015	2016	9
2016	2017	1

LICZBY MISTRZOWSKIE

Poza dziewięcioma liczbami „podstawowymi" w Numerologii swoją wartość mają także cztery liczby nazywane Mistrzowskimi. Gdy sumując dzień, miesiąc i rok, w końcowym rachunku otrzymujemy 11, 22, 33 lub 44, nie sprowadzamy ich do liczby jednocyfrowej, gdyż wynik taki oznacza, że mamy do czynienia z „potencjalną" Liczbą Mistrzowską.

Liczby te mają zasadniczo te same cechy, które charakteryzują liczby proste 2, 4, 6 i 8, ale ich potencjał jest większy. Liczby Mistrzowskie reprezentują „stare dusze". Duchy o długiej kosmicznej trajektorii, które przychodzą na świat z misją miłości i służby.

Tak jak osoba dorosła po wielu latach studiów i przygotowań jest w stanie uczyć i pomagać tym, którzy zdobyli jedynie podstawowe wykształcenie, Liczby Mistrzowskie przeszły drogę niezliczonych wcieleń i wraz z mądrością, którą zdobyły, uzmysłowiły sobie swój obowiązek służenia tym, którzy znajdują się na niższych stopniach ewolucyjnej drabiny. Z drugiej strony, osobie, która posiada Liczby Mistrzowskie łatwiej jest przezwyciężyć problemy, ułomności i braki zwykłej liczby, ponieważ dysponuje środkami, wiedzą i pewnością, które dają jej dojrzałość i doświadczenie.

Natchnione i jasnowidzące, dostrzegają prawdziwą esencję życia oraz obowiązek obserwowania i przestrzegania praw i reguł, które nim rządzą. Wiedza i wewnętrzne światło, które zdobyły sprawiły, iż zrozumiały, że prawdziwym i jedynym sensem życia jest bezgraniczne oddanie się służbie swoim bliźnim. Jednakże tą, która zadecyduje, czy spełnią lub też nie podjęte zobowiązanie, będzie zawsze dusza, wolna i suwerenna. Jeśli zrobią to, uczynią pozytywny i ważny krok naprzód w swojej ewolucji; natomiast jeśli nie, przez wygodę lub tchórzostwo, zapłacą za to. Zwykle przekształcają się wtedy w zgorzkniałe, smutne i zagubione osoby, których niepokój, smutek i frustracja nie odzwierciedlają ich rzeczywistej sytuacji, lecz stan ducha tego, kto czuje, że jego życie nie ma wartości ani znaczenia.

Powiedzieliśmy na początku, że osoby te są „potencjalnymi" Liczbami Mistrzowskimi, gdyż zasługują na to miano jedynie wtedy, gdy spełniają standardy zachowania, które nimi kierują, te, które nie pozwalają im zapomnieć, że są kosmicznymi „starszymi braćmi", których misją jest kochać, prowadzić i chronić. Są autentycznymi Istotami Światła, które mają wielki wpływ i zwykły odgrywać ważną rolę w swoim otoczeniu.

Rozdział 2.

CYKLE ŻYCIA

Zagadka przyszłości zawsze budziła nieodpartą ciekawość człowieka, a dzięki numerologii możemy poznać kierunek wydarzeń, które nas dotyczą. Jeśli poznamy z wyprzedzeniem tendencję wibracyjną dla każdego roku, będziemy mogli zaplanować nasze życie i zaryzykować, kiedy wibracje będą sprzyjające, a wstrzymać nasze działania, gdy będziemy mieli do czynienia z cyklem negatywnym. Takie przygotowanie przyda się nam do przeczekania złego okresu ze świadomością, że on minie, oraz do wykorzystania okresu pomyślnego.

Każdy rok odpowiada jedynemu w swoim rodzaju rytmowi wibracyjnemu, który ulega zmianie, gdy się zmiesza z różnymi wibracjami urodzenia; stąd jeden i ten sam rok będzie niezapomniany dla jednych, a tak fatalny, że chce się o nim zapomnieć, dla innych.

Zanim przystąpimy do opisania przepowiedni odpowiadających dziewięciu wibracjom urodzenia na nadchodzącą dekadę, chcemy podkreślić, że podaliśmy wszystkie możliwości dla każdego roku, lecz z niewyjaśnionego jeszcze powodu – jest to jedna z wielu tajemnic, których wiele w świecie paranauk – te przepowiednie nie zawsze się sprawdzają w stu procentach. W niektórych wypadkach i niektórym osobom sprawdzają się w całości, a innym jedynie częściowo. Kierunek wydarzeń (dobry lub zły) jest zawsze taki sam, ale działanie może skupić się na tej lub innej sferze życia danej osoby. Na przykład: jeśli mamy do czynienia

z rokiem niesprzyjającym, pojawiające się problemy mogą być związane ze zdrowiem lub uczuciami, pracą lub relacjami osobowymi, ale w kolejnym roku niepomyślnym wszystko układa się źle.

Tak samo rzecz się ma z latami pomyślnymi. W opisie ujęliśmy całe dobro, które może nam się przydarzyć i czasem tak się dzieje. Wydaje się wtedy, że zostaliśmy dotknięci czarodziejską różdżką i żyjemy jak we śnie; w kolejnym roku, też zaliczonym do dobrych, możemy mieć szczęście w pewnych sferach naszego życia, a w innych nie.

Musimy też wyjaśnić, że przepowiednie spełnią się w większej mierze, jeśli dana osoba jest niezależna, to znaczy, gdy jest to dorosły lub głowa rodziny, a w mniejszej, jeśli osoba ta zależy od jakieś innej (ojciec, współmałżonek itd.), bowiem zdarzenia zawsze się dostosowują do wieku lub pozycji, którą zajmuje dana osoba.

Na koniec pragniemy zauważyć, że w numerologii rok zaczyna się we wrześniu, a nie w styczniu, jak rok kalendarzowy, w związku z tym przygotowaliśmy opisy cykli życia od września jednego roku do września roku następnego.

ROK 1

Koniec ograniczeń paraliżujących i krzyżujących plany w poprzednim roku. Rozpoczyna się nowy cykl życia, a w nim szalenie ważna jest aktywność umysłowa.

Odpowiedni rok na podjęcie decyzji mogących mieć wpływ na całe życie. Możliwość uniezależnienia się lub podjęcia nowych zobowiązań, a także samodzielnego decydowania lub działań w innej postaci.

Cykle życia

Możliwe, że właśnie skończył się trudny rok, który wpłynął na Ciebie w ten czy inny sposób i że fizycznie i emocjonalnie nie czujesz się w tym momencie najlepiej. Wibracja, którą otrzymujesz obecnie, zachęca do tego, żeby nabrać nadziei i zapomnieć o nieprzyjemnych doświadczeniach w przeszłości. Nie należy pozwalać, aby straty, zmartwienia czy przeszkody w dalszym ciągu Cię trapiły. Trzeba wymazać stare i zacząć od nowa, bo teraz kładziesz pierwszy kamień nowego etapu; smutki należy odrzucić za siebie i spojrzeć w przyszłość z wiarą i nadzieją. W tym momencie tylko od Ciebie zależy, czy następny cykl zakończy się sukcesem czy niepowodzeniem. Pamiętaj o tym, że rozpoczynając ten cykl z negatywnym nastawieniem, skazujesz cały cykl na niepowodzenie, bo obecna Twoja postawa wpłynie na przebieg następnych dziewięciu lat.

Na pewno ten rok będzie oznaczał rozpoczęcie czegoś dla Ciebie nowego. Nastąpią zmiany małe lub istotne, np. zmiana mieszkania, wyjazd do innego miasta lub kraju. Zmiana pracy lub czegoś w tym samym miejscu pracy. Może się to zacząć od biznesu, sztuki lub twórczości; pojawią się też nowe szanse na wielu polach działania. Nowe znajomości lub zmiany w dotychczasowych. Zmiana stanu cywilnego: ślub, separacja, owdowienie lub przyjście na świat dzieci. Rozpoczęcie studiów, interesów, założenie spółki itd.

Jest to rok, ogólnie rzecz biorąc, pomyślny, odpowiedni do podjęcia ważnych decyzji. To także odpowiedni moment do wyzwolenia się spod dominacji osób, które ograniczały Twoją wolność lub nie pozwalały Ci na wykazanie talentu. Trzeba odrzucić to, co było podporą i samemu rozpocząć coś nowego. Chodzi przecież o Twoje życie i to Ty sam powinieneś o nim decydować.

Zapewne w tym momencie czujesz w sobie dużo energii i optymizmu. Wykorzystaj ten stan ducha do otwarcia nowych dróg, choć możliwe, że one same się

otworzą. Zacznij szukać okazji, nie czekając na ich pojawienie się.

Działając inteligentnie i wykorzystując pozytywne wibracje, w tym momencie możesz liczyć na poparcie ważnych osób, które będą pod wrażeniem Twojego rozmachu i działania; są to osoby, które mogą być Ci pomocne w przyszłości.

Możliwe są osiągnięcia materialne, sukcesy zawodowe, wyjazdy, awanse. Musisz się przystosować do żywego tempa, które niesie ta wibracja, i nie pozwolić, by zdarzenia Cię przerosły. Być może zdarzy się coś nieprzewidzianego, ale wtedy musisz zachować spokój i opanowanie. Wykaż swą aktywność, niezależność, pewność siebie, odwagę i zdecydowanie, ale nie impulsywność czy zapalczywość. Wszystkie Twoje działania powinny być przemyślane, uzasadnione, ostrożne i rozsądne. Zapomnij o złych, przeszłych doświadczeniach, a pamiętaj, że używając siły tego okresu w sposób egoistyczny, zły lub myśląc tylko o własnym zysku, zmarnujesz pomyślny wpływ i będziesz musiał czekać na następną szansę do kolejnego cyklu.

ROK 2

Możliwe, że ten rok wyda Ci się denerwujący i nudny po żywym i pełnym zdarzeń roku poprzednim. W tym momencie nie wszystko jest tak jasne i oczywiste jak na początku cyklu i chociaż nie jest to całkiem zły rok, będzie upływał wolno i okaże się męczący.

Zapewne tempo, w jakim zaczął się cykl, wywołało u Ciebie nadzieję, że ta dobra passa będzie trwać, ale tak się nie stanie i może zniechęcić Cię opóźnienie w realizacji działań, które były podjęte z entuzjazmem. Nie należy się zrażać, jeśli tak będzie, bo jest to okres, w którym pewne sprawy dotyczące Ciebie ulegną zwłoce, co będzie dokuczliwe i stanie się zmartwieniem. Wszystko to dotyczyć będzie szczególnie życia zawodowego, i chociaż sytuacja będzie frustrująca, na dłuższą metę okaże się, że ta zwłoka była korzystna.

Nadszedł czas refleksji, co nie było możliwe w poprzednim roku. Należy dokonać przeglądu tego, co się zdarzyło i dotychczasowych osiągnięć, a także zdecydować, jakie plany warto kontynuować, a jakich należy zaniechać. W tym momencie sprawy muszą dojrzeć, więc nadeszła pora na zastanowienie i ocenę swych szans. Trzeba wszystko zbadać, rozważyć, przeanalizować i dokonać wyboru. W poprzednim roku zostało przez Ciebie zasiane ziarno, któremu trzeba dać czas, aby wzeszło, a to wymaga delikatności i cierpliwości.

Jak już zostało powiedziane, w tym roku ulegnie wyhamowaniu tempo pracy zawodowej, ale będzie to dobry rok na inne sprawy.

Będzie to dobry okres na zajęcie się sprawami zdrowia. Jeśli opóźniałeś jakieś badania, leczenie lub operację, może poddasz się temu teraz, bo nadeszła odpowiednia chwila. Będzie to także dobry rok na zmianę mieszkania lub pracy na lepszą. To również dobry czas na podjęcie nauki podnoszącej poziom kulturalny i duchowy, lub na zajęcie się sztuką, bo znajdujesz się w momencie sprzyjającym rozwojowi wewnętrznemu i podjęciu działań twórczych. Dobra okazja do dokonania zmian w domu, w pracy albo do wyjazdów. Wskazana jest praca w zespole lub współpraca z innymi.

Możliwe jest rozwiązanie problemów prawnych. Dzięki taktowi i dyplomacji można osiągnąć satysfakcjonujące ugody czy umowy. Z drugiej strony, docenione zostaną Twoje usługi jako mediatora do rozwiązania

sytuacji konfliktowej, w której znalazł się ktoś z Twego otoczenia lub Ty sam.

W przypadku pojawienia się kłopotów finansowych musisz postępować ostrożnie i rozsądnie, ponieważ nie jest to odpowiedni czas na spekulacje.

Rok szczególnie sprzyjający kontaktom, spotkaniom i spółkom. Także sprzyjający zacieśnianiu więzów miłości i przyjaźni, a szczególnie odbudowywaniu zerwanych i popsutych związków uczuciowych, ponieważ Twoja otwartość i spokój pozwolą Ci działać dyplomatycznie. Staraj się wprowadzać pokój i harmonię do życia innych ludzi.

Będzie można mieć lub prosić o poparcie ważne osoby. Nie będzie to całkiem zły rok, chociaż mogą się pojawić kłopoty i zwłoka w osiągnięciu tego, czego pragniesz. Znajomość numerologii pomoże Ci pogodzić się z tym, że tempo wydarzeń spadło i nie będziesz próbował odwracać tej naturalnej tendencji roku.

Odzyskaj siły po męczącym pierwszym roku cyklu i ogranicz się do czekania, zanim zabierzesz się do wielkich przedsięwzięć; nie znaczy to wcale, że jest to sugestia, aby wyłączyć się zupełnie i oddać wypoczynkowi. Należy dalej wytrwale pracować i jedynie przyjąć do wiadomości fakt, że nie jest to czas na ekstrawaganckie pomysły czy marnotrawstwo. Jeśli pozwolisz, aby wszystko szło swoim torem, przyjmując postawę cierpliwości, ostrożności i taktu, zrozumiesz po pewnym czasie, że tak było lepiej.

ROK 3 Przygotuj się na powitanie roku, który może okazać się bardzo pozytywny i korzystny dla Ciebie. Będzie to rok rozwoju i postępu

w każdej sferze życia: w interesach, finansach, pracy, działalności publicznej i generalnie we wszystkich sprawach materialnych i osobistych.

Jeśli w tym momencie nie masz pracy, otrzymasz być może kilka ofert, tak że będzie Ci trudno dokonać wyboru; a jeśli pracę posiadasz i jesteś z niej zadowolony, pojawią się szanse na awans albo, w innym przypadku, na pracę przyjemniejszą lub lepiej płatną.

Jeśli działasz w biznesie, będzie szansa poprawy, rozwoju firmy lub otwarcia się nowych możliwości.

W dziedzinie działalności publicznej nastąpi duży wzrost, a działania będą dobrze przyjęte.

Szczęśliwie rozwiążą się istniejące problemy, często bez wysiłku z Twojej strony, po prostu dzięki korzystnemu wpływowi z zewnątrz. Należy uwolnić swój umysł, nie martwić się, ponieważ wielkie siły kosmiczne pracują na Twoją korzyść.

Pełnia szczęścia, radość i przyjemne doświadczenia w sprawach towarzyskich, rodzinnych i uczuciowych. W chwili obecnej emanuje z Ciebie silny magnetyzm i urok przyciągający uwagę innych; zatem może to być bardzo pomyślny rok w sprawach sercowych. Będzie okazja do utrwalenia dotychczasowych znajomości lub zainicjowania czegoś nowego i pięknego. Niektóre osoby będą mile zaskoczone, stwierdziwszy, że wzrosła ich atrakcyjność i interesuje się nimi sporo ludzi, zwłaszcza płci przeciwnej.

Można oczekiwać pomyślnego rozwoju w stosunkach rodzinnych, gdzie będzie panowała harmonia i szczęście. Jeśli od pewnego czasu myślisz o zmianie domu lub przeprowadzeniu się gdzieś indziej, to jest to dobry moment na wykonanie tego zamiaru. Może się też powiększyć rodzina, dzięki małżeństwu lub przyjściu na świat dziecka.

Towarzysko jest to wyjątkowo szczęśliwy rok. Będzie okazja do poznania ciekawych, wesołych ludzi,

podróżowania, spotkań z przyjaciółmi, zorganizowania wycieczek lub nocnych wypadów oraz bywania w nowych kręgach towarzyskich. Jest możliwość pojawienia się okazji do zrobienia rzeczy nieoczekiwanych, tylko nie wolno usuwać się na bok, bo to jest szczególny moment na wyrażanie siebie, rozmowy i zawieranie znajomości.

Będzie to też doskonały okres na rozwijanie działalności artystycznej lub literackiej. Twój umysł, tak pełen pomysłów i ekspresji, może zrodzić błyskotliwe idee czy plany.

Wiele osób zazna powodzenia i ujrzy, jak realizują się nadzieje i zamierzenia, co będzie nagrodą za wcześniejsze wysiłki. Dla niektórych osób to wynagrodzenie przybierze postać uznania zawodowego, zyskania prestiżu, pieniędzy lub poparcia wpływowych osób.

Poczujesz się niesiony na fali, pełen entuzjazmu i optymizmu; powinieneś zatem zintensyfikować swe działania i zabrać się z wiarą do realizacji marzeń. Przekazuj innym radość, która przepełnia Twe serce.

Od czasu do czasu rok ten przynosi niezwykłe okazje, takie jak zdobycie stypendium, wygranie konkursu, zaproszenie na przejażdżkę statkiem lub do odbycia podróży, otrzymanie pieniędzy lub nieoczekiwanej nagrody.

Rozwój, awans i postęp staną się Twoim udziałem, jeśli umiejętnie połączysz pracę z rozrywką. Nie wolno pozwolić, aby rozrywki doprowadziły do zaniedbania obowiązków, bo bilans roku może okazać się negatywny. Działanie powierzchowne i beztroskie sprawi, że będzie to rok, który miło wspomnieć, ale który nie przyniesie nic pozytywnego.

Należy uważać, aby nie przegapić nadarzających się okazji. Daj nowy impuls swym ambicjom, skup swą energię i wykorzystaj pomyślną wibrację na uruchomienie nowej działalności lub doprowadzenie do szczęśliwego końca tego, co zacząłeś uprzednio.

ROK 4

Uwaga. Wchodzisz w rok zupełnie inny od poprzedniego i chcąc, by był pomyślny, powinieneś podejść do niego z zupełnie odmiennym nastawieniem. Minął już okres rozrywki i teraz stajesz przed rokiem praktyki oraz intensywnej pracy.

Większości osób znajdujących się w tym roku nie zabraknie pracy; przeciwnie, mogą poczuć się przytłoczone swoimi obowiązkami, ale najgorzej będzie, gdy stwierdzą, że wynagrodzenie jest niższe niż ilość pracy do wykonania. Jednakże gdy się przyjmie, że ten trud stanowi podbudowę pod przyszłą pomyślność, ten rok można nazwać pomyślnym. W numerologii jest uważany za „rok siewu", nie oczekuj więc natychmiastowych rezultatów, ponieważ Twój trud włożony dzisiaj, wyda owoce później. Zrób plany i cały wysiłek skieruj na doprowadzenie ich do szczęśliwego końca. To jest budowanie z myślą o przyszłości.

Do wszelkich zajęć podchodź racjonalnie, logicznie i odpowiedzialnie. Nie podejmuj pospiesznie decyzji. Przeanalizuj, zbadaj i rozważ każdą z okazji, która się pojawi, a przedstawiaj swe pomysły lub działaj dopiero, gdy wszystko będzie jasne, sprawdzone.

Należy zachować ostrożność i umiar w wydatkach, ponieważ nie jest to rok dobry na spekulacje lub ryzyko finansowe. Myśl o przyszłości, a jeśli zainwestujesz, to tylko w coś pewnego lub w coś, co przyczyni się do polepszenia warunków środowiska czy warunków pracy; w coś, co przyniesie zysk w przyszłości, bo wibracje tego roku mają daleki zasięg. Możesz zapisać się na kurs specjalizacyjny, kupić odpowiednie wyposażenie do pracy, rozpocząć jakiś interes, zainwestować w nieruchomości, rachunki oszczędnościowe itd.

Należy ograniczyć wyjazdy wypoczynkowe, a jeśli już pojedziesz na urlop, wykorzystaj go na przestudiowanie lub zaplanowanie przyszłych działań.

Niektórzy mogą w tym roku stanąć wobec kłopotów czy przeszkód, powinni więc użyć całej swej wiedzy, przenikliwości i rozsądku, żeby je pokonać. Mogą to być problemy finansowe, prawne lub pracownicze. W tym roku musisz podchodzić do wszystkiego odpowiedzialnie i poważnie, ale nie należy wpadać w obsesję na punkcie pracy. Odprężaj się i poświęcaj też czas na odpoczynek i rozmyślania.

Wprawdzie nie powinno być poważniejszych kłopotów ze zdrowiem, ale zapewne będziesz czuł napięcie i podenerwowanie spowodowane znudzeniem i codzienną rutyną, co jest dla tego roku charakterystyczne. Nie poddawaj się pesymizmowi, bo możesz się poczuć bardzo zawiedziony i zapragniesz spowodować jakąś zmianę, żeby przerwać tę monotonię. Nie rób tego, ale czekaj cierpliwie, bo zbliża się okres o wiele bardziej zajmujący i pobudzający. Na razie trzeba panować nad sobą i czekać, pamiętając przy tym, że nie należy spodziewać się rezultatów natychmiastowych czy spektakularnych.

Nie panując nad nerwami, możemy przez taki nastrój stworzyć sobie kłopoty we współżyciu lub wywołać konflikty pracownicze.

Skup się na swych celach, bądź osobą uporządkowaną, wytrwałą i metodyczną. Działania towarzyskie nie powinny wpływać na Twoje postępy; jeśli przyjmujesz postawę lekkomyślną lub niezbyt odpowiedzialną, będziesz miał w przyszłości kłopoty, bo zaniedbanie swych obowiązków przyniesie niepowodzenia i zawód. Nade wszystko jednak pamiętaj, że przy tej wibracji powinno się zachować cierpliwość i moc.

ROK 5

Rozpoczął się rok zupełnie odmienny od poprzedniego, rok, który przyniesie nowe okazje. Zachodzą w nim zmiany przez Ciebie upragnione, możliwe, że będzie ich więcej i nie będziesz w stanie zapanować nad wszystkimi.

Dla niektórych będzie to rok burzliwy, ponieważ wibracje, które nad nim panują, cechuje wielka dynamika, działanie, niecierpliwość i nerwowość. W tym roku mogą zajść zmiany w Twoim życiu zawodowym, rodzinnym lub uczuciowym.

Niektóre osoby, których dotychczasowe życie było uporządkowane i zaplanowane, zobaczą swój świat naruszony przez nieoczekiwane zdarzenia; jedną z najwłaściwszych postaw w tym roku będzie wyczekiwanie, by właściwie wybrać spośród licznych możliwości, które mogą zaistnieć. Należy czuwać, aby nie przegapić szansy, którą przyniesie ten rok. Trzeba działać odważnie. Ta wibracja skłania do śmiałości, zdecydowania i łapania szans „w locie".

Trzeba wytrzymać szybkie, niespokojne tempo tego roku; nie wolno się zniechęcać, choćby nie wiadomo co się działo; należy dotrzymywać kroku i dostosować się do nowych okoliczności. Nie wolno zamykać się czy też trzymać kurczowo tego, co się pojawi. To pozwoli na zapanowanie nad tym niespokojnym okresem. Nie należy się zatrzymywać, ale wierzyć w pomyślną gwiazdę, która włada tym rokiem. Być może trafi się szansa uczestniczenia w ważnych umowach czy kontaktach, które w dużej mierze zadecydują o Twojej przyszłości. Może to być zaangażowanie osobiste lub zawodowe, i to na dłuższy czas.

Nie wolno zatrzymywać się ani zamykać. Jest to okres bardzo płynny i pełen energii, wymagający działania, komunikowania się i „łapania" szans, które się nadarzają, choćby wydawały się ryzykowne.

Zmiany będą na porządku dziennym: zmiana mieszkania, przeprowadzka do innego miasta czy kraju.

Zmiany w relacjach towarzyskich, związkach uczuciowych czy rodzinnych: śluby, separacje, nowe znajomości lub ważne kontakty towarzyskie z osobami wpływowymi. Zmiany w pracy. Dla niektórych osób będą one niezbyt istotne, a dla innych mogą być to zasadnicze zmiany w pracy, nauce czy życiu osobistym.

W każdym razie są duże szanse na to, by Twoja dotychczasowa sytuacja uległa zmianie, zawsze na dobre, lub by przynajmniej ekscytacja i nadzieja, którymi będziesz żył, stanowiły wyzwanie, które wniesie coś ciekawego do Twojego życia.

Może to być okres szczególnie sprzyjający komunikowaniu się, wyrażaniu siebie oraz kontaktom handlowym i towarzyskim z ludźmi z najbliższego otoczenia, a także z zagranicy. Korzystne będą wyjazdy, i choć jedne będą służbowe, inne mogą przynieść nowe okazje, wycieczki i odpoczynek.

Mimo że w niektórych wypadkach zmiany przyniesie przeznaczenie w osobach z otoczenia, to w innych właśnie Ty je wywołasz. Nie należy być wtedy przywiązanym do niczego, trzeba być elastycznym, wolnym i gotowym wyciągnąć korzyść ze wszystkiego, co ten okres może Ci zaoferować. Wiele przyczyn może być sprawcą wielkich emocji. Niektórzy zaznają sukcesu, popularności, miłości, prestiżu lub spełnienia ambitnych zamierzeń, a ponieważ poczujesz natchnienie, zwiększą się Twoje możliwości twórcze.

Jeśli postanowisz poszerzyć swe horyzonty lub zmienić kierunek, nie działaj impulsywnie. Możesz zaryzykować, ale inteligentnie, śmiało i z rozmachem, a równocześnie w sposób opanowany i rozsądny.

Jak można się będzie przekonać, zapowiada się ciekawy i twórczy rok; powinieneś jedynie trzymać nerwy na wodzy, bo Twoja wrażliwość zostanie poddana trudnej próbie. Wielka moc, która dominuje w tym roku, napełni Cię niepokojem i niecierpliwością, i jeśli nie uda Ci się zapanować nad własnymi odruchami, mogą pojawić się u Ciebie gwałtowne bądź agresywne reakcje. Nie zapominaj o tym, że więcej można osiągnąć, działając taktownie i mądrze, niż poprzez stosowanie bezmyślnej presji.

ROK 6

Ten rok zapowiada się jako wyjątkowo korzystny dla wszelkich spraw rodzinnych i sercowych. Miłość, rodzina i odpowiedzialność będą najważniejsze w tym okresie. Dla większości osób przyniesie on harmonię, szczęście i spokój w sprawach towarzyskich i domowych; można nawet odzyskać utracone uczucia (z powodu zerwania lub dużej odległości). Mogą też pojawić się ponownie w Twoim życiu przyjaciele lub osoby nie widywane od dawna.

Twój urok i siła przyciągania jeszcze wzrosną, a ludzie zaczną odczuwać do Ciebie pociąg. Także korzystne będą relacje towarzyskie oraz rozrywki, ale nie poza domem, zawsze w domu własnym lub innej osoby. Zanim będziemy kontynuować, jedna przestroga: ze względu na tendencję i naturę zdarzenia tego roku mogą mieć jednak zupełnie przeciwny charakter, co zaraz wyjaśnimy.

Dla większości osób będzie to być może najlepszy rok. Będą one całkowicie zadowolone z sytuacji rodzinnej lub uczuciowej, będą miały poczucie pełnego szczęścia i równowagi we wszystkim, co wiąże się z najbliższymi osobami. Możliwe, że Twój dom stanie

się miejscem spotkań osób mających kłopoty lub szukających spokoju i zrozumienia. Jeśli jesteś żonaty lub zamężna, Twoje dzieci lub współmałżonek mogą dostarczyć Ci powodów do zadowolenia i radości. Znajdziesz w swoim domu i w ich towarzystwie szczęście i równowagę, i poczujesz się tak dobrze, że trudno będzie Ci zająć się sprawami materialnymi i codziennymi.

Jednakże dla niektórych, niezbyt wielu, może to być rok, w którym zostaną zerwane więzi rodzinne. Możliwe jest to tylko wtedy, jeżeli w poprzednich latach te stosunki były złe. W takim wypadku zerwanie umożliwi odzyskanie normalności, jako że tym, co dominuje w najważniejszej wibracji tego roku, jest spokój.

Niektóre osoby znajdą miłość, powstaną silne więzy uczuciowe, ich urok i siła przyciągania będą mocno oddziaływać; zatem jest to rok sprzyjający tworzeniu ogniska domowego i umacniania więzi wszelkiego rodzaju.

Spotkania towarzyskie dostarczą przyjemnych chwil miłej rozrywki i intymnego związku, co raczej pozwoli Ci podchodzić do wszystkiego ze spokojem i korzystać z życia, aniżeli zajmować się poważnymi rzeczami czy codziennymi obowiązkami. Możesz odczuwać apatię i rozleniwienie, ale jeśli nie oprzesz się tej pokusie, stracisz szanse na postęp lub nie będziesz kontynuował tego, co kiedyś zacząłeś. Ta wibracja może przynieść też, choć niezbyt często, zupełnie przeciwny efekt. Otóż może się zdarzyć, że praca tak Cię przytłoczy, że ani na chwilę nie pozwolisz sobie na odpoczynek.

W tym roku może się też zdarzyć, że niektóre osoby poczują się zbyt obciążone więzami lub odpowiedzialnością rodzinną, co ograniczy ich wolność. Jest również możliwe, że ktoś będzie musiał opiekować się lub zająć jakimś chorym lub niedołężnym krewnym.

Albo też pojawią się kłopoty we własnym domu i osoba ta stanie się potrzebna rodzinie.

Będzie to też doskonały rok dla inwestowania w nieruchomości lub prowadzenia pewnych spraw materialnych. Negocjacje i ugody otrzymują korzystne wibracje, ale należy uważać ze zobowiązaniami.

Jest to doskonały dla Ciebie moment do wprowadzenia zmian lub ulepszeń w domu, miejscu pracy lub w wyglądzie osobistym, ponieważ wszystko, co związane z ozdobami lub kosmetyką, znajduje się pod wpływem bardzo korzystnych wibracji; podobnie jest z wszelką działalnością artystyczną.

Sprawy prawne mogą znaleźć pozytywne rozwiązania, a fakt znajdowania się pod wpływem tego roku umożliwi Ci rozwiązanie problemów i pokonanie codziennych przeszkód w sposób rozsądny i sensowny.

Okazując szlachetność, poważanie i zrozumienie, pomagając w rozwiązaniu problemów ludzi potrzebujących i ofiarowując swą bezinteresowną pomoc, będziesz żył w atmosferze miłości i służby, które charakteryzują ten okres wibracyjny.

Nie należy nadawać zbyt dużego znaczenia problemom codziennym. Możesz okazać skłonności hipochondryczne, pesymizm, niezdecydowanie albo wpadać w obsesję na punkcie rzeczy bez znaczenia. Jeśli nie pohamujesz tej skłonności, mogą spotkać Cię kłopoty ze zdrowiem.

Tylko od Ciebie zależy, czy ten rok skończy się pozytywnie czy nie. Będą okazje do doskonalenia się i postępu, ale wobec pokus życia towarzyskiego czy rodzinnego możesz zostać z pustymi rękami, jeśli nie zdołasz znaleźć właściwych proporcji między obiema tymi skrajnymi tendencjami.

ROK 7

Ten rok może przynieść zarówno wielkie sukcesy i satysfakcję, jak i wielki niepokój moralny i strapienia duchowe.

Z jednej strony pojawią się doskonałe okazje do zdobycia i potwierdzenia prestiżu towarzyskiego i zawodowego; zatem osoby publiczne będą błyszczały z powodu własnych zasług. Możliwe, że teraz zostaniesz uhonorowany za wysiłek włożony wcześniej.

Wiele osób odniesie sukcesy, rozgłos i popularność, ponieważ w tym roku szczególnie liczy się życie zawodowe i można osiągnąć szczyt kariery.

Możliwe, że niektóre osoby otrzymają większe honory i uznanie niż rekompensaty finansowe.

Nie jest to rok, w którym liczyłby się aspekt handlowy, więc niebezpiecznie jest wdawać się w ryzykowne operacje finansowe; można natomiast kontynuować i promować interesy, które były wcześniej prowadzone, ale nie wolno rozpoczynać nowych, bo jest to rok doskonalenia na wszystkich poziomach, ale nie rok ekspansji. Jednakże niektórym przyniesie on niespodziewane korzyści, które los stawia na ich drodze.

Są szanse na wyjazdy krajowe i zagraniczne, służbowe i dla przyjemności, szanse na nawiązanie nowych przyjaźni lub na interesy w kraju czy za granicą.

To dobry rok na zmianę mieszkania lub pracy, na rozpoczęcie nauki, studiów czy specjalizacji, na kupowanie, sprzedawanie, poszukiwanie pracy.

Przejdźmy do omówienia innej ważnej tendencji tego roku; ma ona związek z poszukiwaniem, refleksją i dojrzałością duchową. Większość osób w tym roku będzie przejawiała skłonność do pogłębiania swego wnętrza. Zakwestionowane zostaną prawdy i dotychczasowe przeżycia; osoby te zaczną poszukiwać odpowiedzi na pytania, które je przytłaczają, w sobie lub za pomocą studiów metafizycznych.

Wskutek tych głębokich przemyśleń wiele osób dokona przewartościowania swych zasad postępowania, bo fundamenty moralne i umysłowe uległy zmianie o 180 stopni.

Wielu osobom przy tym wielkim oczyszczeniu wewnętrznym towarzyszyć będzie niepokój, smutek i depresja. Jeśli nawet fizycznie nie są samotne, to poczują się takimi w myślach, a nawet mogą się poczuć samotne w towarzystwie. Mimo to prawie wszyscy zyskają na tym osamotnieniu. Niekiedy będzie ono wynikiem separacji lub utraty kogoś bliskiego, co pociągnie za sobą cierpienie moralne.

W tym roku nie ma miejsca na lekkomyślność, ale jest czas na refleksję i głęboką zadumę. Będzie to okres autoanalizy, poszukiwania i wzrostu duchowego i mentalnego. Większość w tym roku będzie próbowała poddać refleksji własne życie, poznać przyczyny i kierunek, do którego zmierza życie ludzkie. Poczują potrzebę czytania i kształcenia się. Będą próbowały usunąć się w cień, więc może je ogarnąć smutek i melancholia.

Większość odczuje wzrost zdolności psychicznych i intuicji. Słuchaj swego wewnętrznego głosu, który Ci wskaże, jak osiągnąć równowagę pod każdym względem. Ta autoanaliza może nadać nowy sens Twemu życiu dzięki nowej hierarchii wartości. Jeśli bilans roku będzie pozytywny, wiele osób poczuje się panami swojej duszy i swojego losu.

Ponieważ zainteresowania zwrócą się ku wnętrzu, a zmysł praktyczny czy poczucie rzeczywistości mogą zawodzić, należy uważać przy zaciąganiu zobowiązań i podpisywaniu papierów czy dokumentów, bo można zostać oszukanym. To samo może się zdarzyć w sferze relacji osobowych, a niektórzy mogą cierpieć z powodu zawodu uczuciowego, straty finansowej lub bankructwa w interesie, co spowodowane będzie błędną oceną.

Osobom, które w przeszłości podejmowały jakieś działania nielegalne, grozi wykrycie ich procederu, proces, a nawet więzienie.

Należy dbać o zdrowie i nie pozwalać, aby konflikty wewnętrzne dominowały w naszym życiu, bo istnieje ryzyko frustracji, popadnięcia w depresję lub kłopoty zdrowotne. Gdyby jednak tak się stało, zalecany jest odpoczynek w spokojnym i ustronnym miejscu, co pomoże odzyskać siły.

ROK 8
Jest to okres, w którym przeznaczenie stawia nas wobec konsekwencji naszych czynów z przeszłości; jest to zatem rok wymierzania sprawiedliwości, każdemu według jego zasług, ponieważ nadszedł czas karny, jak się to określa w języku metafizyki.

Jeśli cały cykl, który wkrótce się kończy, a przede wszystkim jego początek, były pozytywne (jak to wyjaśnialiśmy w pierwszym roku cyklu), można się przygotować do odebrania nagrody. Jeśli we wszystkim dałeś z siebie maksimum, twoją nagrodą będzie poprawa warunków materialnych, dzięki podwyżce pensji, zapłacie za usługę, spadkowi, loterii, dochodom z innych źródeł czy pieniądzom za wykonany kontrakt, co pozwoli Ci na usamodzielnienie się.

Postęp, pieniądze, władza, wpływy mogą być tym żniwem siewu, który trwał siedem lat; rok ten wróży bowiem awanse, promocje, pomoc wpływowych osób w uzyskaniu wysokiego stanowiska. Należy wykorzystać moc i siłę oddziaływania w tym okresie, w celu nawiązania kontaktów, które mogą okazać się ważne w przyszłości, bowiem jest to czas szczególny, gdy można wpływać na innych. Kto zajmuje sam środek sceny, powinien podzielić się swoim powodzeniem i pomyślną fortuną z innymi.

Ludzie ze świata biznesu będą mieli większe zyski, możliwość otwierania nowych oddziałów lub powiększania czy usprawniania już istniejących. Mogą inwestować w nieruchomości, uznane firmy, a także realizować sprawy materialne i swoje ambicje.

Na Twoją korzyść działają w tym okresie silne wpływy wibracyjne, a ponieważ jest to rok sprawiedliwości, masz prawo prosić o podwyżkę lub awans, jeśli uważasz, że w przeszłości zostałeś niesłusznie pominięty. Jeśli zasługujesz, otrzymasz to, czego się domagasz.

Jeśli Twoje postępowanie było nienaganne moralnie, to nie tylko będziesz w pokoju z samym sobą, ale też los może ofiarować Ci nieoczekiwaną nagrodę duchową, materialną i moralną. W przeciwnym razie Prawo Karne wystawi Ci rachunek i mogą Ci się przytrafić duże kłopoty lub straty. Jeśli straciłeś szansę z powodu lenistwa lub rozrzutności, napotkasz problemy finansowe, a jeśli złamałeś prawa ludzkie lub kosmiczne, spotka Cię dotkliwa kara.

Jest to doskonały rok do realizacji swych marzeń jako nagrody. Użyj swej mocy i siły przyciągania, właściwych dla tego okresu, dla zdobycia kontaktów, które okażą się ważne w przyszłości. Planuj i działaj śmiało, byle nie pochopnie. Nie daj się omamić obietnicą natychmiastowych rezultatów czy osiągnięć. Jeśli planujesz coś nowego, postępuj rozsądnie, argumentuj sensownie i rób plany z wyprzedzeniem. Nie buduj zamków na lodzie. Musisz mieć mocne wsparcie finansowe, być skutecznym, dobrze zorganizowanym i uważnie dobierać współpracowników. Nie bój się marzeń, jeśli jesteś gotów walczyć i wytrwać. W przeciwnym razie, jeśli

zlekceważysz te przestrogi, możesz popaść w rujnujące interesy.

Istnieje możliwość, że osoby wiekowe w pewien sposób zaważą na Twoim życiu. Możesz być wciągnięty w ich problemy, mieć wydatki czy niespodziewane kłopoty, gdy będziesz chciał przyjść im z pomocą, lub przeciwnie, z cenną pomocą lub radą przyjdą Ci osoby starsze.

W tym okresie skorzystasz z wielkiej mocy i siły charakteru, co pozwoli na rozwiązanie każdego problemu. Kontroluj swoje porywy i uczucia. Wybuchy czy przemoc mogą powstrzymać Twoje postępy.

Wykorzystaj ten sprzyjający czas na działanie sprawiedliwe, odpowiedzialne i uczciwe, aby wzmocnić swój charakter i ostudzić swój zapał. Może to być rok wielkich osiągnięć i intensywnej pracy, ale rozwijać zaczyna się w Tobie zamierzenie lub pragnienie zmiany, co może przynieść niepokój i zamęt.

ROK 9

Jest to rok kończący cykl, należy więc przygotować się duchowo do jego nadejścia, aby móc przejść do następnego cyklu z pozytywnym bilansem, pomimo napotykanych przeszkód.

W tym okresie musisz być gotowy do zerwania więzów łączących Cię z przeszłością. Jest to bilans końcowy i w tym czasie mogą zdarzyć się straty materialne i w sferze uczuć, które Cię mocno dotkną, ale jeśli zajmiesz właściwą postawę, przejdziesz przez to szczęśliwie.

Nie chwytaj się niczego ani nikogo. Pozwól działać samym wibracjom, a one za Ciebie dokonają wyboru. Jeśli jednak głos wewnętrzny każe Ci z czymś zerwać, uczyń to, bo w tym okresie intuicja nie myli.

Jeśli nie jesteś zadowolony z pracy lub warunków życia, bądź cierpliwy, bo zbliżają się istotne zmiany.

Mimo zdarzających się zerwań i separacji, pomyśl, że jesteś w okresie wielkiego sprzątania; jest ono konieczne, abyś mógł zacząć nowy cykl uwolniony z więzów przeszłości. Możliwa jest strata, rozczarowanie czy zdrada kogoś bliskiego lub przyjaciela.

Umrze, skończy się czy zniknie wszystko, co ma swój kres, a Ty powinieneś rozstać się z tym bez żalu, z przekonaniem, że chodziło o sytuacje czy osoby, które spełniły już swą misję w Twoim życiu, a teraz odchodzą, aby zrobić miejsce nowym, które przyniesie następny cykl. Niewątpliwie w wielu wypadkach sytuacje te wywołają głębokie rozdarcie wewnętrzne, lecz jeśli jesteś świadomy tego, co się dzieje i dlaczego się dzieje, będzie Ci to łatwiej znieść.

Ponieważ pod koniec cyklu każdy jest osłabiony i ma słabego ducha, należy zadbać o zdrowie. Możliwe są problemy finansowe, w pracy i w relacjach z innymi ludźmi. Można mieć odczucie frustracji i tkwienia w sytuacji bez wyjścia, ale to stan ducha wyolbrzymia te sprawy.

Nie zniechęcaj się, bo inaczej staniesz się pesymistą, osobą drażliwą i o zmiennym humorze, co jeszcze bardziej wszystko skomplikuje. Jeśli sytuacja wymknie Ci się z rąk, możesz osądzać niewłaściwie, podejmować nietrafne decyzje, w wyniku czego możesz zostać oszukany lub wplątać się w wątpliwe sprawy pracownicze lub uczuciowe.

Inną ważną cechą charakterystyczną dla tego roku jest fakt, że to, co rozpocznie się wtedy właśnie, nie

trwa długo. Są oczywiście wyjątki, ale jest ich niewiele; jeśli więc jesteś zainteresowany jakąś osobą czy relacją zawodową, poczekaj, nie angażuj się. Jeśli jest to dla Ciebie trudny moment, a zaoferują Ci rozwiązanie, przyjmij je, aby wyjść z kłopotliwej sytuacji, ale wiedz, że jest to rozwiązanie chwilowe. Należy zatem unikać podpisywania ważnych dokumentów, zaangażowania uczuciowego, zobowiązań w pracy czy w innych sprawach.

Rozstrzygnięcia prawne, prośby, prace czy interesy rozpoczęte w poprzednich latach mogą jednak znaleźć pomyślny finał. Podobnie jeśli ktoś zasługuje za swe czyny lub postawę w przeszłości, mogą go spotkać rzeczy pożyteczne, spadające niespodziewanie „z nieba".

Możliwe wyjazdy krajowe lub zagraniczne, ważne kontakty zagraniczne oraz niecodzienne doświadczenia.

Nie należy skarżyć się ani zamykać w sobie. Wykorzystaj ten rok na naukę, planowanie i organizowanie zajęć, które rozpoczniesz w pierwszym roku cyklu; nade wszystko nie przywiązuj się do swych trosk czy kłopotów. Staraj się przezwyciężyć ten etap, będąc życzliwym i miłym dla innych, a dobre czyny wrócą do Ciebie zwielokrotnione.

W tym okresie potrzeba siły i cierpliwości, aby przebrnąć przez ten etap; w przeciwnym razie może on być bolesny. Trzeba do przyszłości podchodzić z nadzieją. Nadchodzi nowy cykl, a od Ciebie zależy, co w nim osiągniesz.

Wnioski

Jak już zostało powiedziane, opisane przepowiednie niektórym osobom spełnią się w całości, a innym częściowo, choć we wszystkich przypadkach będzie widoczne to, co charakterystyczne dla danego roku.

Nie licząc tego nieprzewidywalnego elementu (który nie przeczy prognozom, a jedynie sprawia, że spełniają się one całkowicie lub częściowo), trzeba powiedzieć, że szanse na to, że pewne zdarzenia zaistnieją lub nie, zależą od różnych czynników.

W pierwszej kolejności zależą od tego, czy dana osoba ma harmonijny i zrównoważony portret numerologiczny; w drugiej kolejności od mądrego działania, nie tylko na początku cyklu (rok 1), ale przez cały czas jego trwania, zgodnie z tendencją wibracyjną.

Jednakże praktyka numerologii wykracza znacznie poza prognozowanie zdarzeń, bowiem numerolog może doradzać w przypadkach portretów bardzo przygnębiających, gdy wibracje są sprzeczne.

Jak już wiemy, data urodzenia, imię i podpis są elementami służącymi do sporządzania studium numerologicznego. Kiedy istnieje harmonia między liczbami portretu, tworzą one korzystne kombinacje sprzyjające danej osobie, dla której spełnią się pozytywne przepowiednie, zarówno te dotyczące charakteru, jak i przepowiadanych przeżyć; jeśli jednak między liczbami nie ma zgodności lub jeśli akcentują one negatywną charakterystykę, daną osobę będą spotykały różnego rodzaju kłopoty. I tu właśnie numerologia oddaje nieocenioną i zaskakującą przysługę osobom, które jej nie znają.

Wnioski

Jeśli te konflikty są wyjątkowo duże i występują problemy charakterologiczne, dobry numerolog, uciekając się do ostatecznych środków, może zmienić zawartość portretu numerologicznego i podmiot doświadczy istotnych zmian, pozornie niewiarygodnych. Są też przypadki, w których nieuporządkowanie nie jest duże.

Dana osoba ma doskonałe cechy, uznane przez wszystkich, a mimo to nie wiedzie się jej w życiu. Coś jest nie tak, jak w powiedzeniu o razach rozdawanych na ślepo. W tym wypadku numerolog, zajmując się tylko podpisem, który jest podstawowym czynnikiem, może doprowadzić do zmian, jakich potrzebuje ta osoba do osiągnięcia tego, na co rzeczywiście z racji swych zalet zasługuje.

Numerologia zatem, pozwalając nam poznać zdolności, motywacje i cały potencjał, który posiadamy, nie tylko daje nam klucz do samorealizacji, ale też dowodzi, że korzystając z jej wiedzy, możemy walczyć z przeciwnościami losu. Uczy nas, jak zestroić się z rytmem kosmicznym, tak byśmy się przekształcili w prawdziwych **panów swego losu.**

Wydawnictwo KOS
40-110 Katowice, ul. Agnieszki 13
Tel./fax (032) 2584-045; tel. (032) 2582-648, (032) 2582-720
e-mail: kos@kos.com.pl   http://www.kos.com.pl

Zamówienia przyjmujemy pocztą, telefonicznie i przez Internet

---

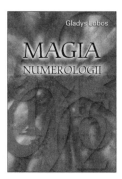

Gladys Lobos
Magia numerologii

Książka jest owocem 30-letniej praktyki autorki. Zawiera wiedzę o wibracjach liczb i o wpływie tych wibracji na nasze życie, związki międzyludzkie i interakcje ze światem. Niewątpliwie jest to najlepsza książka o numerologii na polskim rynku.

Gladys Lobos
Język liczb

Pogrążeni w wirze teraźniejszości, która zadziwia nas każdego dnia nowymi odkryciami we wszystkich dziedzinach ludzkiej wiedzy, trwamy nie odkrywszy tajemnicy naszej własnej natury. Niemniej jednak, człowiek Nowej Ery będzie musiał opanować także wiedzę metafizyczną i duchową, gdyż pomoże mu to zdefiniować swój ludzki wymiar oraz zachować świadomy związek ze swoją duszą i jej celami. A Numerologia, technika, której niewiarygodna rzetelność i skuteczność została rozpoznana i sprawdzona ponad 11000 lat temu, pozwoli mu poznać swój aktualny stopień ewolucji oraz cały potencjał; który znajduje się tutaj, na progu jego świadomości, ale do którego bardzo często nie może się dostać z powodu blokad, które odkryje przed nim ta książka.

Małgorzata Brzoza
Esencja numerologii

„Książka ta jest kwintesencją tego, co dla mnie w numerologii najważniejsze, pozwala każdemu zainteresowanemu samodzielnie zinterpretować swój urodzeniowy program życia, uczy przywiązywania wagi do imion, które decydują o naszym potencjale twórczym i o realizowaniu siebie."

Małgorzata Brzoza
Numerologia związków

„Jeśli książkę tę właśnie trzymasz w ręku, nie jest to przypadek – to odpowiedź przeznaczenia. Zapewne znajduje się w niej coś specjalnie dla Ciebie. Coś istotnego jest w środku – życzę Ci, abyś to odnalazł... niestrudzony Wędrowcze".

Małgorzata Brzoza
Numerologia. Klucz do poprzednich wcieleń

W prezentowanej, czwartej już, książce o numerologii autorka pragnie podkreślić wagę sugestii zawartych w początkowych rozdziałach „Numerologicznego Słownika Imion". Jest to bowiem swoista „instrukcja obsługi" kodów dysponujących energią naszych imion i nazwisk.

Małgorzata Brzoza
Numerologiczny słownik imion

Kompletny stan naszych konstrukcji możemy osiągnąć poprzez odpowiednie dobranie imion i nazwisk do wybranej, posiadanej przez nas daty urodzenia. Słownik ten jest pomocą w konstruowaniu naszej stabilnej przyszłości.

Mechthild Scheffer
Oryginalna terapia kwiatowa Bacha
dla początkujących

Mechthild Scheffer, prekursorka oryginalnej terapii kwiatowej Bacha, w łatwy i praktyczny sposób przybliża nam wiedzę na temat kwiatów Bacha, przez co staje się ona dla nas bardziej przystępna. Ta czołowa międzynarodowa ekspertka w jasny i klarowny sposób pokazuje nam, jak 38 kwiatów Bacha wymienionych w książce może służyć nam pomocą. Pokazuje jak zamienić postawy negatywne w pozytywne możliwości rozwoju.

Manfred Himmel
Drzewa pomagają leczyć

Drzewo – to źródło inspiracji, wytrwały dawca energii, symbol wzrostu, mocy i wiecznego odnawiania się życia w cyklu przyrody. Czy i Ty chciałbyś, aby zostało Twoim przyjacielem i pomocnikiem, aby Cię uzdrawiało? Jeśli tak, to daj się poprowadzić ku królestwu subtelnych energii uzdrawiających, które w określonym czasie płyną szczególnie mocno w polu promieniowania drzew. Autor, mający ogromne doświadczenie w obchodzeniu się z tymi energiami, prezentuje wartościową wiedzę dotyczącą „magnetopatycznego uzdrawiania drzew": • istotę i działanie subtelnego świata • kontakt z energiami uzdrawiającymi drzew • przeniesienie uzdrawiających energii na człowieka i zwierzęta • werbalne i niewerbalne komunikowanie się z drzewami • pozytywny wpływ kontaktu z drzewem na Twoje samopoczucie duchowe i fizyczne. Duża ilość ćwiczeń dotyczących wszystkich zagadnień ułatwi Ci dogłębniejsze ich poznanie i możliwość praktycznego zastosowania.

Ewa May
Uzdrawianie Pola Życia

W książce tej autorka opisała wypracowaną przez siebie metodę Uzdrawiania Pola Życia, która powstała na bazie wielu lat jej osobistych i zawodowych doświadczeń jako wynik poszukiwań uniwersalnego sposobu uzdrawiania człowieka i jego życia jednocześnie. Metoda okazała się na tyle skuteczna, że pomogła wielu ludziom uzdrowić swoje życie, dokonać pozytywnej zmiany, mieć odwagę uzdrowić siebie i swoje związki. Jest bardzo pomocna przy uzdrawianiu nerwic, depresji, stresów i dolegliwości psychosomatycznych.

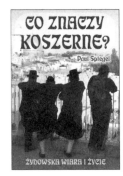

Paul Spiegel
Co znaczy koszerne?

Paul Spiegel urodził się w 1937 r. w Warendorfie. Okres władzy nazistowskiej przetrwał w ukryciu w Belgii, po oswobodzeniu powrócił do Niemiec. W latach sześćdziesiątych pracował jako redaktor, później jako rzecznik prasowy. W roku 2000 został wybrany przewodniczącym Centralnej Rady Żydów w Niemczech. To stanowisko piastował aż do swej śmierci w 2004 roku. W roku 2001 ukazały się w wydawnictwie Ullstein jego wspomnienia Znowu w domu? Założył własną agencję artystyczną, którą po jego śmierci prowadzi jedna z córek. Paul Spiegel pragnie zbliżyć obcych sobie ludzi. Udziela odpowiedzi na pytania związane z religią, tradycjami oraz dniem powszednim Żydów.